FENG SHUI

Die verborgene Ordnung des Lebens

Peter Michel

NATÜRLICHE WEGE
ZUR GESUNDHEIT

FENG SHUI

Die verborgene Ordnung des Lebens

tosa

Texte von Peter Michel
Umschlag von Kraxenberger KommunikationsHaus GmbH

Druck: Ueberreuter Print

Inhalt

Vorwort 11

Kapitel 1: Die Ursprünge des Feng Shui 13

China und Tibet 14
Die ersten Dokumente 14, Die chinesischen Wurzeln 14, Die tibetischen Wurzeln 15, Die Schriftzeichen 15, Die kaiserliche Tradition 16, Das I Ging 16, Die Numerologie 17

Der Weg des Feng Shui durch die Jahrtausende 18
Die vier Schulen 18, Die Ausrichtung 19, Die Grundlagen 20, Feng Shui und das moderne China 20, Die ehemalige Kronkolonie Hongkong 21

Kapitel 2: Chi – die kosmische Lebenskraft 23

Die Urenergie 24
Das Wu Chi 24, Chi und der Kosmos 24, Die zwei Wirkungsfelder 25, Chi und das Wohlbefinden 25, Alles fließt 26

Das Chi in der Natur 26
Der kosmische Atem 26, Das Sheng Chi 27, Sauberkeit und Trockenheit 28

Das Chi und die Lebenswelt 28
Die Kraftzentren 28, Die Stadtplanung 29, Die Giftpfeile 30, Feng Shui und die westliche Architektur 31

Das Chi im Haus 32
Kleine Blockaden 32, Die drei Türen 33, Die Einrichtungsgegenstände 34, Hilfreiches Entrümpeln 34, Feng Shui und die Baubiologie 35, Giftpfeile im Haus 36

Das Chi und der menschliche Körper 36
Der Energiefluß im Körper 36, Energiebahnen und Chakras 37, Die heilende Kraft des Chi 40, Chi und Akupunktur 40, Feng Shui und positives Denken 41

Kapitel 3: Yin und Yang 43

Die Harmonie der Gegensätze 44
Die Geburt von Yin und Yang 44, Einheit und Gegensatz 45, Das Abbild des Universums 46, Männlich und weiblich 47, Die Gesellschaft 47, Yin und Yang im eigenen Haus 48

Die Elementarkräfte von Yin und Yang 49
Die Yin-Polarität 49, Die Yang-Polarität 50, Der Ausgleich 51

Yin und Yang im täglichen Leben 52
Yin und Yang in der Natur 52, Die vier himmlischen Tiere 53, Die vier himmlischen Tiere in der Stadt 54, Yin und Yang im Haus 55, Yin und Yang im Berufsleben 56, Yin und Yang und Haustiere 57

Kapitel 4: Die fünf Elemente ... 59

Die Grundkräfte ... 60
Die Ursprünge 60, Die fünf Elemente und die Jahreszeiten 61, Die Verbindung der fünf Elemente 62, Der Zyklus des Werdens und Vergehens 63, Die Eigenschaften der fünf Elemente 63, Holz 64, Feuer 65, Erde 66, Metall 67, Wasser 68

Die fünf Elemente und die acht Himmelsrichtungen ... 69
Die acht Trigramme 69, Die Trigramme und die Elemente 70, Die Trigramme und die Himmelsrichtungen 72, Die Trigramme und ihre Verknüpfungen 72

Das Bagua ... 75
Der Ursprung 75, Das Schutz-Bagua 76, Die Lebensfelder 77

Kapitel 5: Feng Shui im Haus und in der Umgebung ... 78

Die Lage des Grundstücks ... 79
Das lebendige Universum 79, Wo baue ich mein Haus? 80, Die Feng-Shui-Grundsätze 80, Die Feng-Shui-Standort-Prinzipien 81

Feng Shui im Stadtbereich ... 82
Das Stadthaus oder die Stadtwohnung 82, Die Nachbarschaft 83, Schutzmaßnahmen 84, Die Spiegelproblematik 84, Die Eingangstür und die Toiletten 85, Störende Gegenstände 86, Der Schatten-Faktor 86

Kapitel 6: Feng Shui und die Innenausstattung eines Hauses ... 89

Die Grundsätze ... 90
Der Chi-Strom im Haus 90, Die Grundbausteine 91, Alte Möbel – alte Schwingungen 92, Ecken und Kanten 93, Yin und Yang im Innenbereich 94

Die Wahl der Baumaterialien ... 94
Die Grundregeln 94, Holz 95, Stein 96, Glas 96, Stoffe und Textilien 97, Metall 97, Licht und Farben 98, Pastellweiß 99, Weiß 99, Grün 99, Dunkelgrün und Blau 100, Purpur 100, Schwarz 100, Rot 100, Mittelgrau 101, Gelb 101

Möbel und Lampen ... 102
Möbel haben eine Geschichte 102, Weniger ist oft mehr 102, Es werde Licht 103, Verschiedene Lampenformen 103

Kapitel 7: Die Zimmereinrichtung ... 104

Die Grundprinzipien ... 105
Die Küche 106, Das Schlafzimmer 109, Das Wohnzimmer 111, Das Kinderzimmer 113, Das Badezimmer 116

Kapitel 8: Feng Shui im Garten ... 118

Die Grundsätze ... 119
Die äußere Form 120, Die innere Bebauung 120, Schutzmaßnahmen 121

Kapitel 9: Feng Shui im täglichen Leben ... 123

Feng Shui in der Partnerschaft ... 124
Feng Shui im eigenen Büro ... 124
Feng Shui und ein langes Leben ... 125
Feng Shui und der gesunde Menschenverstand 126

Vorwort

Seit jenen Urzeiten, in denen erstmals Menschen den Fuß auf die Erde setzten, befaßten diese sich mit den großen Fragen des Lebens. Woher kommt der Mensch? Wohin geht der Mensch? Wie soll er sein Leben gestalten?
Diese Fragen sind so alt wie die Menschheit, und sie werden weiter Bestand haben, solange dieser schöne blaue Planet menschliches Leben trägt.
Um Antworten auf diese drei großen Fragen zu finden, haben Menschen immer wieder die größten Anstrengungen unternommen – und sind zu den unterschiedlichsten Ergebnissen gekommen. Meistens wurden die Ergebnisse laut in den Gassen und auf den Plätzen verkündet, auch wenn die Erkenntnisse eigentlich gar keinen Anlaß dazu geboten hätten. Manchmal wurden die Ergebnisse mit Macht durchgesetzt, auch wenn sie gar nicht auf Erkenntnissen beruhten. Dieses Vorgehen hat sich praktisch nie als segensreich erwiesen. Manchmal allerdings fanden einige wenige Menschen, die häufig sehr bescheiden und zurückgezogen lebten, wirklich zur Erkenntnis der Wahrheit. Da diese wenigen Wissenden gute Beobachter waren, erkannten sie in vielen Fällen, daß ihre Mitmenschen wenig Verständnis für ihre neuen Erkenntnisse aufge-

bracht hätten. Aus diesem Grunde beschlossen sie, ihr Wissen für sich zu behalten oder es nur wenigen mitzuteilen. So war es vor Jahrtausenden, und so ist es bis ins 20. Jahrhundert geblieben. Erst die jüngsten Erkenntnisse fast aller menschlichen Wissenszweige ließen erkennen, daß es mehr gibt, *als sich die Schulweisheit träumen ließ*. Diese Entwicklung führte dazu, daß ein großer Teil bisher gehüteten geistigen Wissens, eines *geheimnisvollen Wissens,* nunmehr der breiten Öffentlichkeit zugänglich gemacht wurde. Dazu gehörte auch das Wissen um die Gesetzmäßigkeiten des Feng Shui.

Die Erkenntnisse über Feng Shui („Wind und Wasser") beruhen auf den tiefen Beobachtungen chinesischer Weiser, die das Zusammenspiel verborgener Kräfte zwischen der Natur und dem Menschen studierten. Sie fanden heraus, daß es einen tiefen Zusammenhang zwischen der Befindlichkeit des Menschen und seiner Umgebung gibt. Landschaften, Bauwerke und Lebensräume sind nicht neutral, sondern enthalten Kraftfelder. Diese wiederum wirken in vielfältiger Weise auf den Menschen ein und bestimmen so sein tägliches Leben.

Der weise Mensch wird also danach trachten, die verborgenen Gesetzmäßigkeiten des Lebens in allen Bereichen zu erkennen und danach zu handeln. Ein überaus wertvolles Hilfsmittel dafür bietet FENG SHUI.

Peter Michel

KAPITEL 1

Die Ursprünge des Feng Shui

China und Tibet

Die ersten Dokumente

Die ersten Erwähnungen der Gesetzmäßigkeiten, die heute unter dem Namen „Feng Shui" zusammengefaßt sind, datieren aus dem vierten Jahrtausend v. Chr., stellen aber sicher nicht die Anfänge der Lehre dar. In zahlreichen Quellen wird der Ursprung des Feng Shui noch um mindestens ein oder zwei Jahrtausende früher angesetzt, wobei sich jener wahrhafte Ursprung naturgemäß im Dunkel der Vergangenheit verliert.

Die chinesischen Wurzeln

Das Ursprungsland des Feng Shui war mit großer Sicherheit China. Weise chinesische Naturforscher beobachteten die Rhythmen und Zyklen des sie umgebenden Lebens und fanden so bestimmte Gesetzmäßigkeiten heraus.
Da die Menschen der frühen Kulturen entscheidend von der Suche nach Nahrung, Wasser und einem sicheren Platz zum Leben bestimmt waren, galt das Zusammenspiel von „Wind" und „Wasser" als sehr entscheidend. Wind nannten die alten Chinesen „Feng" und Wasser „Shui".
Verbunden wurden diese beiden Glieder, die

auch als Symbol für Himmel und Erde standen, durch die Wolken.

風	水
Wind	**Wasser**

Die tibetischen Wurzeln

Auch aus den frühesten Zeugnissen des Kulturlebens auf der tibetischen Hochebene lassen sich Hinweise finden, daß den Tibetern die Gesetzmäßigkeiten des Feng Shui Richtlinie für die Ausrichtung ihres täglichen Lebens waren. Bedingt durch die extremen klimatischen Verhältnisse waren diese Kenntnisse überlebenswichtig, und wohl in keinem anderen Land der Welt verbinden die Wolken sichtbarer Himmel und Erde.

Die Schriftzeichen

Die Schriftzeichen besitzen in der chinesischen Tradition eine Bedeutung über den reinen Inhalt hinaus. Sie symbolisieren, einzeln und auch in der Verbindung, die Bewegung der beiden Energien von Wind und Wasser. Hier kommt ein wenig von der ursprünglichen Magie von Sprache, Klang und Form zum Ausdruck, die den frühen Hochkulturen noch bekannt war, die sich aber im Zeitalter von Massenkommunikation, Fernseh-Seifenoper und Werbung fast vollständig verloren hat.

Die kaiserliche Tradition

Die herrschende Klasse praktizierte in allen Jahrhunderten der Kaiser-Herrschaft die Kunst des Feng Shui. Die Ursprünge verlieren sich in den mythologischen Epochen des alten China, doch wahrscheinlich von der Tang-Dynastie an bis zu den letzten Vertretern der Ching-Herrscher wurde Feng Shui am Hofe angewandt. Die Feng-Shui-Meister nahmen bei Hofe eine hohe Stellung ein, galten sie doch als Eingeweihte in eine uralte Tradition und damit als mächtige Persönlichkeiten. Die jeweiligen Herrscher achteten mit großer Sorgfalt auf die Vorgehensweise der Feng-Shui-Meister, damit deren angenommene magische Kräfte auf keinen Fall gegen sie verwendet werden konnte. Umgekehrt versuchte die rivalisierende Partei natürlich, die großen Wissenden des Feng Shui auf ihre Seite zu ziehen und so ihre „Kraft" zu vermehren.

Das I Ging

Auch die bedeutendste spirituelle Schrift Chinas, das I Ging, geht auf eine Legende zurück, die im Zusammenhang mit dem Feng Shui steht. Nach der Überlieferung beobachtete der König Fu Hsi, der über die Fähigkeit des Wahrsagens verfügte, wie eine Schildkröte und ein Pferd aus dem Fluß Lo kletterten. Sowohl auf dem Rückenpanzer der Schildkröte als auch auf dem Körper des Pferdes hatten sich spezielle Muster aus Wassertropfen gebildet, die die Grundlage der acht Diagramme des sogenannten „Bagua-Diagramms" formten, das später vor allem in westlichen Ländern sehr populär werden sollte.

Die graphischen Muster stellten die Entwicklungsbasis für die spätere „Formale Schule" des Feng Shui dar. Glaubt man der Legende, so spielten sich diese Vorgänge etwa zweitausendzweihundert Jahre vor unserer Zeitrechnung ab.

Etwa eintausend Jahre später erlangten diese Diagramme dann ihre heute noch bestehende Berühmtheit, als der König Wen aus ihnen die vierundsechzig Hexagramme des „I Ging", des „Buches der Wandlungen", entwickelte. Es sollte eine der wichtigsten spirituellen Quellen der altchinesischen Tradition werden und bis heute nichts von seiner Popularität einbüßen.

Die Numerologie

Die Diagramme auf dem Rücken der Schildkröte und auf dem Rücken des Pferdes wurden schon bald auch numerologisch gedeutet. Man stellte die Zeichnungen auf dem Rücken des Pferdes als strahlenförmige Quadrate dar, deren Linienfüh-

rung alle Zahlen von eins bis neun aufwiesen, mit einer sternförmigen Konfiguration in der Mitte, die die Zahl fünf widerspiegelte.
Ähnlich verhielt es sich mit dem Diagramm auf dem Rücken der Schildkröte, und aus beiden Bildern wurde dann ein magisches Zahlengitter erstellt, das in der oberen Dreierreihe die Zahlen 4, 9 und 2, in der mittleren Zahlenreihe die 3, 5 und 7 und in der unteren Dreierreihe die Zahlen 8, 1 und 6 aufwiesen. Wie immer man diese Zahlen auch addieren wollte, stets ergaben sie die geheimnisvolle Zahl 15.
Es lag daher auf der Hand, daß das magische Zahlengitter schon bald zum Wahrsagen benutzt wurde, um die Zukunft des Menschen, seinen Erfolg und seinen Mißerfolg, sein Glück und sein Pech, seine Gesundheit oder seine Leiden vorherzusagen.

Der Weg des Feng Shui durch die Jahrtausende

Die vier Schulen

Während der ersten Jahrhunderte der nachchristlichen Zeitrechnung bildeten sich in China die vier Schulen des Feng Shui, die in jeweils unterschiedlicher Form entscheidende Einflüsse auf die Ausgestaltung der Feng-Shui-Traditionen nehmen sollten. In der westlichen Welt gewannen eigentlich nur zwei Schulen große Bedeutung und zahlreiche Anhänger. Diese bestimmen bis in die Gegenwart nachhaltig das Bild, das sich von Feng Shui außerhalb Asiens gemacht wird. Die erste dieser beiden Überlieferungsstränge wird „Die Methode der acht Richtungen" genannt, die zweite erhielt den Namen „Die Formale Schule".

Die Ausrichtung

Die „Formale Schule" erhielt ihre Prägung von den Bewohnern der hochgelegenen Gebirgsregionen, die sich vorrangig an den Landschaftsformen und den Hausstrukturen, speziell den Eingangstüren, orientierten. Der ideale Zuschnitt eines Hauses oder einer Wohnung wurde mit Hilfe des bereits dargestellten Gitterdiagramms ermittelt, dessen neun Felder als die neun Lebensbereiche des Menschen interpretiert wurden.
Für die Schule der acht Richtungen erlangte der Kompaß besondere Bedeutung. Auf der Grundlage des Wissens um die von der Sonne auf die Erde einwirkende Strahlung und die vom irdischen Magnetfeld und den Planetenkonstellationen in ständigem Fließen gehaltenen Energieströme werden jeder der vier Himmelsrichtungen und jeder der vier Nebenhimmelsrichtungen bestimmte Eigenschaften zugeordnet. Diese

Eigenschaften bilden die Voraussetzung für die Ausrichtung eines Bauwerkes und für die Lage der verschiedenen Funktionsbereiche innerhalb eines Gebäudes. Dabei gilt es zu beachten, daß der orientalische Kompaß gegenüber dem im Westen gebräuchlichen um einhundertachtzig Grad gedreht ist: Der Süden erscheint oben, der Norden unten.

Die Grundlagen

Trotz mancher interner Widersprüche weisen jedoch alle vier Schulen des Feng Shui wesentliche gemeinsame Elemente auf. Ihnen allen ist die Vorstellung vom stetigen Fluß der Lebensenergie, in der chinesischen Überlieferung „Chi" genannt, und von der ewigen Polarität von Yin und Yang gemein. Dazu kommt die Lehre von den „Fünf Elementen" und den „Acht Trigrammen". Die Ausgestaltung dieser gemeinsamen Grundlagen kann jedoch sehr weit voneinander verschieden sein.

Feng Shui und das moderne China

In den letzten Jahrhunderten des chinesischen Kaisertums spielte das Feng Shui immer wieder eine Rolle. Als die Mandschu-Horden die Ming-Dynastie überrannten, sollte der Grund dafür in einer falschen Anwendung von Feng Shui gelegen sein. Erst der Kaiser Cheng Long, der als Eingeweihter in die Kunst des Feng Shui galt, führte China durch seine richtige Anwendung wieder zu Macht und Wohlstand. Nach der Legende sind auch die vielen dramatischen Ereignisse im Zusammenhang mit der „Verbotenen Stadt" auf die mißbräuchliche Umsetzung von Feng-Shui-Lehren zurückzuführen.

Das kommunistische China weist ein gespaltenes Verhältnis zum Feng Shui auf. Einerseits war der Volksglaube davon überzeugt, die Erfolge von Mao und Deng seien auf das außerordentlich gute Feng Shui ihrer Vorfahren zurückzuführen, andererseits fiel die öffentliche Ausübung des Feng Shui unter das Religionsverbot des Großen Vorsitzenden, von dem man allerdings unter vorgehaltener Hand flüsterte, daß er von panischer Angst erfüllt gewesen sein soll, mittels geheimer Feng-Shui-Praktiken gestürzt zu werden.

Die ehemalige Kronkolonie Hongkong

Ursprünglich wurden in Hongkong nur die äußeren städtebaulichen Maßnahmen nach den Prinzipien von Feng Shui vorgenommen. Als die Stadt jedoch immer dichter besiedelt wurde, erstreckten sich schon bald die Feng-Shui-Maßnahmen auf vielerlei Aspekte des menschlichen Lebens, von der Straßenführung über die Architektur bis hin zur Gestaltung der Wohnräume.

Eines der bemerkenswertesten architektonischen Beispiele stellt der große Wohnblock an der Repulse Bay dar, in dessen mittlerer rechter Seite man ein riesiges, mehrere Stockwerke hohes Fenster einfügte, damit der auf dem hinter dem Haus aufragenden Berg sitzende Drache auch weiterhin auf das Meer schauen konnte. Eine wahrhaft drachenfreundliche und zudem äußerst ästhetische Konstruktion!

KAPITEL 2

Chi – die kosmische Lebenskraft

Die Urenergie

Das Wu Chi

In der asiatischen mystischen Tradition wird mit dem Ausdruck „Chi“ oder „Ch'i“ die alles Leben durchströmende kosmische Energie bezeichnet. Die alten Chinesen sprachen von ihr auch als vom „kosmischen Atem“ oder dem „kosmischen Atem des Drachens“. Symbolisch wurde es als leerer Kreis dargestellt, als „Wu Chi“, die Ur-Energie.

Chi und der Kosmos

Für das chinesische Wort „Chi“ gibt es in den europäischen Sprachen keine exakte Übersetzung. Gleiches gilt auch für das indische „Prana“, was in der Yoga-Philosophie dasselbe bedeutet, und für das japanische Ki (oder Qi). Am ehesten trifft es noch der Ausdruck „Lebenskraft“, wobei man hinzufügen muß, daß es sich um die kosmische Lebenskraft handelt.
Das Chi bezeichnet feinstoffliche Kraftfelder, die den ganzen Kosmos durchströmen und alles, was in den materiellen und nichtmateriellen Ebenen existiert, miteinander verbindet. Von daher wurde von manchen europäischen Übersetzern auch eine Verbindung mit dem Wort „Geist“ hergestellt.

Diese Einbeziehung von feinstofflichen Energie- oder Kraftfeldern stellt die Grundlage für alle metaphysischen Systeme des Ostens dar. Von der Astrologie über die Medizin bis hin zu den verschiedenen meditativen Übungen. Vor allem bei den vielfältigen Atemtechniken (im Yoga Pranayama genannt) spielt die Konzentration von Chi oder Prana eine entscheidende Rolle.

Die zwei Wirkungsfelder

Es wird nicht verwundern, wenn im Feng Shui von zwei besonders bedeutenden Wirkungsfeldern ausgegangen wird, die einander polar gegenüberstehen und sich, zumindest im Idealfall, harmonisch durchdringen. Das eine Feld ist das sogenannte Erdfeld oder die Erdkraft; jene Energie, die von der Erde zum Himmel aufsteigt. Das andere Feld ist das Himmelsfeld oder die Himmelskraft; jene Energie, die vom Himmel zur Erde herabsteigt.

Chi und das Wohlbefinden

Im Feng Shui bleibt es niemals bei einer abstrakten Interpretation des Chi, sondern es wird stets versucht, vor allem bei der Ausgestaltung der eigenen Lebens- und Wohnräume, auf ein ausgewogenes und harmonisches Fließen des Chi zu achten. Wenn in einem Haus oder einer Wohnung ein guter „Chi-Fluß" vorherrscht, werden sich die Menschen wohl fühlen, und Streit und Konflikt vermag die Türschwelle nicht zu überschreiten.

Alles fliesst

Die Feng-Shui-Tradition betont die Wichtigkeit, alles Starre und Verkrustete zu überwinden. Die Erde wie auch die Planeten verharren nicht in einer ewig feststehenden Position, sondern befinden sich in einem ständigen Prozeß der Bewegung und Veränderung. Von daher kann auch das Chi nicht erstarren, sondern unterliegt gleichfalls einer ständigen Veränderung.
Ein Eingeweihter in die Tradition des Feng Shui muß daher über die Fähigkeit verfügen, die mikrokosmischen und die makrokosmischen Energieströme zu verstehen und zu beherrschen. Nur wenn dies gewährleistet ist, kann der harmonische Fluß des Chi in richtige Bahnen gelenkt werden.

Das Chi in der Natur

Der kosmische Atem

Es gibt keinen Winkel des Universums, der nicht vom Chi erfüllt und durchdrungen ist. Aller-

dings glaubten die alten Chinesen, daß es Kraftorte oder bestimmte Plätze gab, an denen das Chi reichlicher vorhanden war als an anderen Stellen. In der Natur galt es daher, die Beschaffenheit von Seen, Gebirgen, Wäldern, Steppen oder Flüssen genau zu untersuchen, um herauszufinden, welcher Chi-Fluß vorlag.
Erst wenn diese Standortbestimmung erfolgreich abgeschlossen war, konnte man darangehen, mögliche Bebauungsmaßnahmen ins Auge zu fassen.

Das Sheng Chi

In der chinesischen Tradition des Feng Shui wird davon ausgegangen, daß der „kosmische Atem des Drachen" sehr eigenwillig fließt. Er verläuft niemals in einer geraden Linie. Um sich nun das positive, günstige Chi nutzbar zu machen, das in China als „Sheng Chi" bezeichnet wird, muß der Feng-Shui-Meister die vorhandene Kraftquelle orten und „anzapfen". Von daher wird in der chinesischen Volksweisheit auch davon gesprochen, daß man „die Ader des Drachen anzapfen" muß. Dieses Bild wird auch deshalb gewählt, weil in der asiatischen Tradition der Drache, anders als etwa in der germanischen Mythologie, als ausgesprochen positives Wesen angesehen wird. Man spricht sogar von speziellen „Glücksdrachen".

Sauberkeit und Trockenheit

Für den harmonischen Fluß des Chi ist eine saubere und frische Luft unbedingt erforderlich. Ist diese nicht gegeben, reduziert sich der Energiefluß erheblich. Gleiches gilt für Plätze, die starken Extremen ausgesetzt sind, die also entweder zu heiß oder zu kalt sind beziehungsweise zu naß oder zu trocken. In diesen Fällen kann sich das Chi nicht harmonisch entfalten, so daß die Plätze aus der Sicht des Feng Shui ungeeignet sind.
Orte, die stark verschmutzt oder gar verdreckt sind, können verständlicherweise ebenfalls kein gutes Chi aufweisen. Es würde von diesen negativen Faktoren überlagert und müßte ersticken oder verderben. Der Atem des kosmischen Drachen würde faulig und damit giftig. Eine gefährliche Situation könnte entstehen.

Das Chi und die Lebenswelt

Die Kraftzentren

Die Grundvoraussetzung für die Gestaltung einer harmonischen Lebenswelt ist der ungehinderte Fluß des Chi. Wenn dies gewährleistet ist, kann in einem nächsten Schritt das Chi an bestimmten Orten gebündelt werden, die so zu wirklichen Kraftzentren werden können. Da-

durch wird vermieden, daß das Chi stagniert und Gesundheit und Wohlbefinden entscheidend beeinträchtigt werden.
Da das Chi, wie die chinesische Tradition vorschreibt, niemals entlang einer geraden Linie verläuft , sind begradigte Flüsse, künstlich errichtete Kanäle oder endlose, geradeaus verlaufende Schienenstränge dem gleichmäßigen, harmonischen Chi-Strom in keiner Weise zuträglich. An langen Geraden beschleunigt sich das Chi zu sehr und wird bedrohlich. Die asiatische Tradition glaubt in vielen Überlieferungsströmen, daß das Natürliche nicht das Gerade ist. Eine gewisse Bestätigung im Westen fand diese Überzeugung auch im künstlerischen Ansatz von Rudolf Steiner.
Auch ein großes Freigelände, in dem kaum Begrenzungen vorliegen, wirkt sich negativ auf den Fluß des Chi aus, das an solchen Plätzen dazu neigt, sich hastig zu zerstreuen und unkontrollierbar zu werden. In diesem Falle spricht man vom Shar Chi, was soviel wie „schädliche Chi-Kraft" bedeutet.

Die Stadtplanung

Die ideale Umgebung für die Errichtung einer Stadt wäre, nach den Prinzipien des Feng Shui eine ausgewogene Mischung von sanften Hügeln und schroffen Bergen, durchzogen von vielen kleinen Flußläufen und einem das Auge erfreuenden, aber nicht zu üppigen Pflanzenwuchs. Diese Wunschvorstellung stellt die meisten Städteplaner zwangsläufig vor schwierige Probleme; aber wahrscheinlich gäbe es weitaus bessere Lösungen als jene, die gegenwärtig den Planeten überziehen. Die meisten großen Städte gelten als Orte mit einem ausgesprochen „schädlichen Chi".

Die Giftpfeile

Die asiatische Feng-Shui-Tradition wählt für die Charakterisierung von städtebaulichen Maßnahmen häufig sehr drastische Formulierungen. So werden etwa die meisten europäischen Großstädte als Orte mit „tödlichem Atem" bezeichnet. Ein klassisches Beispiel wäre etwa die Anlage von Los Angeles, in der endlose Boulevards schnurgerade die Landschaft durchschneiden und sich dabei permanent im rechten Winkel mit anderen schnurgeraden Straßenzügen kreuzen.

Bei einzelnen Häusern spricht das Feng Shui von „Giftpfeilen" oder sogar von „tödlichen Giftpfeilen", wenn die Gebäude scharfkantig zulaufen und ihre Spitze gewissermaßen „feindlich" gegen ihre Umwelt richten.

Auch andere hoch aufragende oder spitze Bauwerke beziehungsweise Teile von ihnen können „schädigende Pfeile" aussenden. Sendemasten, Satellitenantennen oder sogar die Stangen von

Bushaltestellen fallen unter diese Kategorie. Die Auswirkungen dieser „Giftpfeile" können mannigfaltig sein und reichen von der „Vergiftung" des Betriebsklimas über ständige Defekte in bestimmten Gebäuden bis hin zum Konkurs einer Firma, die von jenem Shar Chi getroffen wurde.

Feng Shui und die westliche Architektur

Die westliche Zivilisation hat in ihrer jahrhundertelangen vermeintlichen Überlegenheit die Menschen des Ostens nicht selten brüskiert und verletzt. Einer der Bereiche, in denen dies erst sehr spät überhaupt ins Bewußtsein drang, war jener der Architektur.

Für die Menschen Asiens stellte das Vorgehen der Kolonialherren nicht nur ein Eindringen in ihre Welt dar und die Unterdrückung auf wirtschaftlicher und politischer Ebene, sondern es beinhaltete auch eine unmittelbare Verletzung ihrer persönlichen Lebenswelt. Ein besonders eindrückliches Beispiel dafür stellte die Errichtung von Kirchen und Kirchtürmen dar, die natürlich in gar keiner Weise nach Feng-Shui-Gesichtspunkten errichtet wurden. So fühlten sich die Menschen einer anderen kulturellen Tradition verständlicherweise von den von diesen Gebäuden ausgehenden „Giftpfeilen" bedroht und verletzt.

Ähnlich dramatisch sind die Auseinandersetzungen in der ehemaligen Kronkolonie Hongkong, in der westliche Multis ohne zu zögern ihre Bürotürme zu errichten trachteten. Mittlerweile mußten diese aber zu schmerzhaften und kostspieligen neuen Einsichten gelangen. In Hongkong gilt der Verstoß gegen die Feng-Shui-Baugesetze nämlich als Straftat und wird mit hohen Geldstrafen belegt. Inzwischen sind die meisten multinationalen Konzerne daher dazu übergegangen, vor dem Beginn irgendwelcher baulicher Maßnahmen erst einmal einen Feng-Shui-Berater zu konsultieren!

Das Chi im Haus

Keine Blockaden

Die Hauptregel für den Fluß des Chi in einem Haus lautet: „Das Chi darf unter keinen Umständen blockiert werden!“ Eine der wichtigsten Nebenregeln befaßt sich dann mit dem Verlauf des Chi-Flusses und besagt: „Das Chi muß in einer gewundenen Bahn verlaufen und darf niemals den geraden Weg wählen können.“

Nach der Lehre des Feng Shui umfließt das kosmische Chi, die Lebenskraft, ein Gebäude und betritt es durch die Eingangstür. Von dort aus sucht es seinen Weg durch alle Räume und verläßt das Haus durch einen Ausgang auf der gegenüberliegenden Seite. Sollte es auch den Ausgang durch die Eingangstür nehmen, gilt dies als sehr schlechtes Zeichen. In diesem Falle entstehen Wirbel und Störungen, die sich schädlich auf die Harmonie im Gebäude auswirken.

Die drei Türen

Als außerordentlich schlecht für den Fluß der Chi-Energie gilt es, wenn in einem Haus drei Türen direkt hintereinander liegen. In diesem Fall beschleunigt sich das Chi und nimmt eine schädliche Prägung an.
Noch schlimmer ergeht es dem Chi, wenn es direkt hinter der Eingangstür mit einem Spiegel konfrontiert wird. In diesem Fall wird das Chi gewissermaßen sofort aus dem Haus vertrieben, ehe es überhaupt versuchen kann, seinen Weg durch das Gebäude zu nehmen. Das Feng Shui spricht in diesem Zusammenhang vom „tödlichen Spiegel".

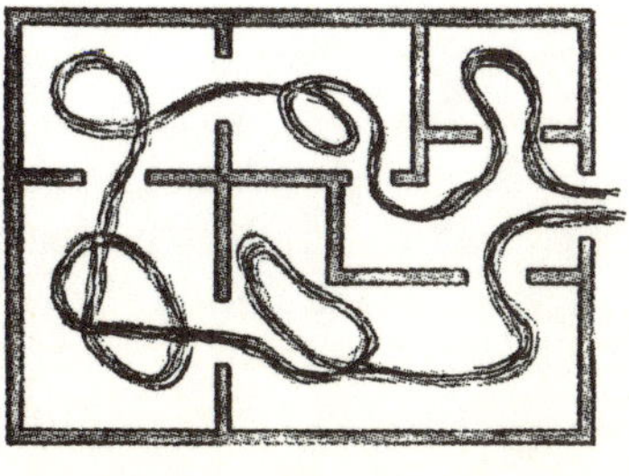

Die Einrichtungsgegenstände

Wenn das Chi harmonisch durch das gesamte Haus fließen soll, darf es nicht von einem unbenutzten Raum festgehalten werden, in den es möglicherweise eintritt und darin abstirbt. Es darf auch nicht durch Einrichtungsgegenstände blockiert werden, die seinen Fluß unterbrechen. Antiquitäten, alte Familienmöbel oder riesige Dekorationen können hier ausgesprochen hinderlich wirken. Auch im Feng Shui gilt das Prinzip: „Small is beautiful!"
Die Möbel dürfen auch nicht als Staubfänger dienen, denn Sauberkeit und Ordnung sind im Feng Shui unverzichtbare Kriterien. Je älter die Staubschicht, desto schlechter die Chi-Energie. Wen mag es daher wundern, wenn man in alten Archiven oder Aktenkellern übergangslos in eine bleierne Müdigkeit versinkt, selbst wenn man sich nur kurze Zeit darin aufhalten muß. Die Chi-Energie in diesen Räumen tendiert gegen Null!

Hilfreiches Entrümpeln

Einmal im Jahr sollten Sie die Gelegenheit nutzen, um zu überprüfen, ob Sie die alten Kommoden von Tante Else oder Onkel Hubert wirklich noch benötigen. Wahrscheinlich dümpeln sie in irgendeiner Ecke des Hauses dahin und fressen ganz allmählich die Chi-Energie in sich hinein. Verfügen Sie über ein großes Haus, so gilt es, immer einmal wieder die Verwendung oder Nutzung der einzelnen Zimmer zu überprüfen. Wird der Hobby-Raum wirklich noch regelmäßig genutzt? Wann haben zum letzten Mal Gäste im Gästezimmer übernachtet? Wozu benötigen Sie eigentlich noch das Kinderzimmer, wenn doch Ihr Sprößling gerade im Begriff steht, seine Promotion erfolgreich abzuschließen? Hier versackt die lebendige Chi-Energie, und es steht zu bezweifeln, daß sie aus diesen Rumpelkammern wieder lebendig herauskommt.

Feng Shui und Baubiologie

Als die modernen Baubiologen mit ihren hilfreichen Untersuchungen begannen, dürfte nur den wenigsten von ihnen bewußt gewesen sein, daß ihre Erkenntnisse im Feng Shui bereits vor Jahrhunderten verbreitetes Wissen waren. Das Feng Shui rät dringend von synthetischen Baumaterialien ab ebenso von allen Arten von Kunststoffen. Unabhängig von der Frage der Wohngifte gelten diese Materialien als ausgesprochen schwächend auf das Chi des Hauses.
Problematisch kann, nach den Vorstellungen von Feng Shui, auch der Einbau einer Klimaanlage sowie das Aufstellen von Elektrogeräten sein. Hier gilt es umsichtig und sachkundig vorzugehen.

Giftpfeile im Haus

Die „Giftpfeile", die in der Außenwelt bereits dargestellt wurden, können selbstverständlich auch innerhalb der eigenen vier Wände ausgesandt werden. Scharfe Ecken und Kanten an Tischen oder Schränken können den Chi-Fluß stören und so zu Disharmonie oder Erkrankung führen.
Beim Erwerb eines älteren Hauses, in dem vor Ihnen schon viele Familien wohnten, sollte unbedingt darauf geachtet werden, ob die Chi-Energie mit Ihnen harmoniert oder nicht. Andernfalls sollten Sie überlegen, ob mit Hilfe des Feng Shui der Chi-Fluß harmonisiert werden kann oder nicht. Im Zweifelsfall sollten Sie vom Kauf des Hauses lieber Abstand nehmen!

Das Chi und der menschliche Körper

Der Energiefluss im Körper

Der Mensch steht im Kosmos nicht als gewissermaßen isolierte Einheit, sondern er ist eingebettet in den universellen Strom des Lebens. In dieser Stellung nimmt er die Chi-Energie auf und gibt sie auch wieder ab. Durch die Chi-Kräfte ist er einerseits mit dem Universum verbunden, und

das Universum drückt sich andererseits durch seine individuelle Form aus. Der Chi-Strom als solcher ist nicht unterschiedlich, egal ob er durch ein Haus oder durch einen Menschen strömt, wohl aber seine Ausprägung.
Für den Menschen kommt es nun auf zweierlei Dinge an: Zum einen muß er dafür sorgen, daß der Chi-Strom im Inneren seines Körpers harmonisch fließen kann und zum anderen darauf achten, daß der Chi-Strom in seinem Innenraum in harmonischer Verbindung zum Chi-Strom in der Außenwelt steht. Wenn beides harmonisch abgestimmt ist, entsteht Wohlbefinden; herrscht zwischen den beiden Strömen eine Disharmonie, entsteht Unwohlsein oder Krankheit.

Energiebahnen und Chakras

Der menschliche Körper ist offensichtlich ein noch viel größeres Wunderwerk, als es die Wissenschaft ihren Anhängern bisher glauben machen wollte. Durch ein von einzigartiger Meisterhand konstruiertes Gewebe nimmt der menschliche Körper Energie auf. Vor allem geschieht dies über die Haut und über die Nahrung; aber auch auf feinstofflichen Ebenen – durch das Chi.
Die asiatische Weisheitstradition vergleicht den Verlauf des Chi durch den menschlichen Körper mit dem Blutkreislauf. Auf speziellen Meridianen wird die Lebenskraft durch den Körper

gesandt, damit alle seine Aspekte mit Energie versorgt werden. Vor dem Hintergrund dieser Vorstellung wird ein asiatischer Mediziner, der in dieser Tradition steht, niemals zuerst mit der Behandlung eines erkrankten Organs oder Körperteils beginnen, sondern zuerst untersuchen, ob der Fluß des Chi über seine Energiebahnen funktioniert oder möglicherweise gestört ist.

Im Verlauf dieser Energiebahnen kommt sieben speziellen Punkten, gewissermaßen den Kraftzentralen des Körpers, besondere Bedeutung zu. Diese sieben Kraftzentren werden in der östlichen Tradition als Chakras bezeichnet.

Am Kopf befindet sich das Scheitel-Chakra, auch Kronen-Chakra genannt. Darunter das Stirn-Chakra und am Kehlkopf das Hals-Chakra. In der Brustmitte liegt das Herz-Chakra, darunter das Solarplexus-Chakra. Auf der Höhe des Nabels ist das Sakral-Chakra plaziert und in Höhe der Genitalien das Wurzel- oder Basis-Chakra.

Das Wurzel-Chakra ist das Zentrum der Geschlechtskraft und verleiht, wenn die Chi-Energie harmonisch fließt, Schönheit und Anziehungskraft.

Das Sakral-Chakra regelt entscheidend die physische Gesundheit. Im Krankheitsfalle verkleinert sich dieses Kraftzentrum, da der Chi-Zufluß geringer wird.

Das Solarplexus-Chakra ist außerordentlich empfindlich und nimmt sehr intensiv die Energien aus der Umwelt auf. Außerdem spiegelt es die eigene innere Befindlichkeit wider. Nervosität,

die berühmten „Schmetterlinge im Bauch", zeigt sich zuerst über dieses Zentrum.
Das Herz-Chakra steht für die Gefühle des Menschen. Eine Herz-Chakra, das stark von der Chi-Kraft erfüllt ist, wird zu einem liebevollen, mitfühlenden und selbstlosen Menschen gehören.
Das Kehlkopf-Chakra steht in enger Verbindung zur Kommunikation. Ist es gut durchströmt mit Chi, kann ein begabter Sänger oder Redner davon profitieren.
Das Stirn-Chakra und das Scheitel-Chakra sind die beiden Zentren, durch die ein entwickelter, reifer Mensch die „Kräfte des Himmels" aufzunehmen vermag. Hier liegen die Einfallstore für die höheren geistigen Kräfte im Menschen.

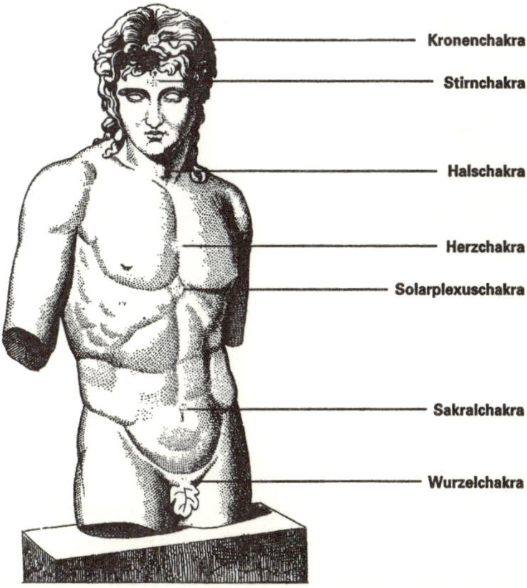

Die heilende Kraft des Chi

Es wird nur wenigen Menschen gelingen, das Chi in ihrem Körper so harmonisch zu balancieren, daß sie sich vollkommener Gesundheit erfreuen können. In der Regel kommt es immer wieder zu Ungleichgewicht oder Blockaden im Fluß des Chi. Mit Hilfe der Prinzipien des Feng Shui lernt der Mensch, selber den Fluß des Chi zu steuern und Dissonanzen oder Disharmonien im Körper auszugleichen. Mit Hilfe bestimmter Atemübungen kann es gelingen, das Chi an bestimmten Stellen zu konzentrieren und so Krankheiten zu überwinden und Stauungen der Lebenskraft aufzulösen.

Im Extremfall führt die vollständige Bemeisterung der Chi-Energie zu solchen außergewöhnlichen Fertigkeiten, wie sie asiatische Kampfsportler aufweisen. Es handelt sich dabei nicht um Wunderkräfte, sondern ausschließlich um die vollkommene Meisterschaft des Chi. Nur dadurch ist es möglich, eine so unglaubliche Körperbeherrschung zu erlangen, wie sie manche Yogis, Samurais oder Karate-Kämpfer vorgeführt haben.

Chi und Akupunktur

Der Westen kam mit den Lehren von den Chi-Meridianen erstmals über die Kunst der Akupunktur in Kontakt. Durch zahlreiche Arten von

Fehlverhalten, angefangen von der falschen Ernährung über psychischen Streß bis hin zum Drogenmißbrauch, können die Energiebahnen des Chi im Körper blockiert, verstopft oder unterbrochen werden. Der Akupunkteur versteht es nun, auf meisterhafte Art und Weise die zentralen Punkte auf den Meridianen anzustechen und dadurch, weitgehend schmerzlos, den Fluß des Chi wieder in Gang zu setzen und damit die Lebenskraft neu zu erwecken.
Die Akupunktur kann daher mit Fug und Recht als „die medizinische Variante des Feng Shui" bezeichnet werden. Das Chi kann wieder ungehindert durch den menschlichen Körper und seine Energiebahnen fließen, was Glück und Wohlbefinden auslöst.

Feng Shui und positives Denken

Schon die alten Meister Chinas wußten, daß Innenwelt und Außenwelt in einer engen Verbindung stehen. Auch die umsichtigste Handhabung des Feng Shui bei der Auswahl und Gestaltung von Umwelt und Lebenswelt kann nicht verhindern, daß es zu einem „schädlichen Chi" kommt, wenn die Innenwelt durch den Mißbrauch der Gedankenkraft fortgesetzt verschmutzt wird. Jeder achtsame Feng-Shui-Lehrer wird Sie daher stets darauf hinweisen, durch positives Denken, Meditation und Achtsamkeit im Wollen und Wünschen Ihre Innenwelt rein

und harmonisch zu halten. So stärken Sie das aufbauende Chi und lassen es nicht zu, daß ein negatives Chi sich entwickeln kann, das binnen kurzer Zeit zu einer ernsthaften Schädigung Ihres Glücks und Wohlbefindens führen könnte.
Trachten Sie nach dem „Mittleren Weg". Stellen Sie Harmonie in Ihrem Leben her, und halten Sie alle Kräfte in einem gesunden Gleichgewicht.

火

KAPITEL 3

Yin und Yang

Die Harmonie der Gegensätze

Die Geburt von Yin und Yang

„Die Kenntnis von den Ur-Anfängen ist die Essenz des Weges", schrieb einst der Weise Lao Tse in seinem Meisterwerk „Tao te King". Diesen Ur-Anfang bezeichneten die Chinesen als „Wu Chi", die Ur-Energie. Symbolhaft wurde dieser Ur-Anfang als leerer Kreis dargestellt. In einer nächsten Stufe tritt dann in der großen Leere ein Punkt auf, gewissermaßen ein kosmischer Ur-Samen. Von diesem Augenblick an verändert sich etwas in der Ur-Leere. Das Leben tritt aus der großen Nacht des Seins heraus und beginnt sich zu gestalten. Was zuvor leer war, beginnt jetzt, ganz allmählich, Eigenschaften anzunehmen. In diesem Anfangsstadium allen Lebens kristallisieren sich zwei Kraftfelder heraus, die im alten China als eine helle und eine dunkle Kreishälfte dargestellt wurden. Da ein gerader Strich oder ein exakt geteilter Kreis aber kein Fließen und damit kein harmonisches Chi beinhalten würde, mußte eine weitere Veränderung geschehen. Die beiden Ur-Kräfte, seit Jahrtausenden als Yin und Yang, der Weg des Himmels und der Weg der Erde, bezeichnet, mußten in eine harmonische, schwingende Bewegung geraten. Yin und Yang sollten einander durchdringen und in einen lebendigen, befruchtenden Austausch eintreten. So geschah es.

Das Ergebnis dieses Prozesses ist eines der ältesten Symbole der Menschheit, das Yin-Yang-Zeichen der beiden Kräfte - männlich/weiblich, Himmel/Erde, Licht und Dunkel. Eine Polarität, die sich entweder harmonisch ergänzen oder feindlich bekämpfen kann. Die Kunst des Feng Shui besteht naturgemäß darin, sich für die harmonische Ergänzung einzusetzen!

Einheit und Gegensatz

Das Widerstreiten von Gegensätzen und der Versuch, die widerstreitenden Kräfte zu versöhnen, sind Teil des menschlichen Kulturerbes von Anfang an. Gleichgültig, ob die Gegensätze Licht und Dunkel, Himmel und Hölle oder Gut und Böse lauten, sie prägten das Leben auf Erden von Anbeginn an. Selbst in der Natur gibt es diese Pole, seien es Tag und Nacht, kalt und heiß oder Winter und Sommer. Alles Leben vollzieht sich im Wechselspiel der Gegensätze.

Im Idealfall sind Yin und Yang ausgeglichen. Liegt jedoch ein Mangel an Yin oder Yang vor, so wird sofort ein Überschuß von Yang oder Yin auf der anderen Seite auftreten. Da beide Kräfte in sich aber den Samen der jeweils anderen Seite tragen, können sie sich niemals auslöschen, sondern gebären sich vielmehr in einem unendlichen Prozeß ständig fort.

Das Abbild des Universums

Yin und Yang spiegeln sich in allem Sein, im Leben des ganzen Universums. Die chinesischen Schriftzeichen für Yin und Yang haben diese universale Polarität sehr sinnreich zum Ausdruck gebracht. Die beiden Zeichen beschreiben jeweils den Einfall des Sonnenlichtes auf einen Hügel. Während die eine Seite des Hügels im hellen Sonnenschein liegt, ruht die andere unter dem Schatten einer Wolke. Beide Qualitäten gehören zum Leben, drücken aber gänzlich verschiedene Befindlichkeiten aus.
Aufgrund dieser Polarität wurde Yin, von seinem Urbeginn an, mit dem Schatten und der Dunkelheit in Verbindung gebracht, Yang dagegen mit Licht und Helligkeit. Auf menschliches Leben bezogen, mag es nachdenklich stimmen, wenn Yin die Erde und Yang den Himmel repräsentiert. Vielleicht gehört es auch zu den Zielsetzungen des Feng Shui, das Ungleichgewicht zwischen Yin und Yang auf dem blauen Planeten Erde auszugleichen?

Männlich und weiblich

Die alten Chinesen erkannten in ihrer Weisheit, daß die Qualitäten des Yin in gewisser Weise auch im Yang enthalten waren, und umgekehrt. So lag es nahe, diese Gesetzmäßigkeit auch auf das Verhältnis von Mann und Frau anzuwenden, lag hier doch die Polarität nur zu offen auf der Hand. Männliches und weibliches Prinzip waren und sind ein klassisches Modell von Yin und Yang. Jede Frau verfügt auch über einige männliche Eigenschaften, und jeder Mann wiederum weist auch weibliche Wesenszüge auf. Die Kunst des Feng Shui in Beziehungen besteht daher darin, die beiden Pole in ein harmonisches Gleichgewicht zu bringen, ohne der einen oder der anderen Seite Schaden an ihrer je eigenen Grundqualität zuzufügen.

Die Gesellschaft

So wie im Kleinen, in Beziehungen oder in der Familie, wirkt die Polarität von Yin und Yang auch im Großen, in der Gesellschaft. Die nur auf Macht oder Gewinn ausgerichteten Gedanken eines Menschen oder einer Gesellschaft führen zwangsläufig dazu, das Gleichgewicht der Kräfte in eine Disharmonie zu verschieben. Ein Mensch, der rücksichtslos und ohne Mitgefühl nur nach seinem eigenen Gewinn und Vorteil trachtet, wird in kurzer Zeit ein erhebliches Ungleichgewicht auf der Yang-Seite herbeiführen. Zwangsläufig muß damit ein schmerzhafter Nachteil auf der Yin-Seite entstehen. Die Gesellschaft, das Gemeinwesen wird dadurch also einen Nachteil erleiden. Ein einfaches Beispiel mag dies verdeutlichen: Der Umweltverschmutzer, der seine Schadstoffe ungefiltert in den nächsten Fluß ableitet, wird sich zweifelsfrei einen Vorteil durch Kostenersparnis verschaffen – sein Yang nimmt zu. Ebenso zweifelsfrei wird sich für die Gemeinschaft ein Nachteil durch Gesundheitsschäden ergeben – das Yin wird negativ beeinflußt. Ein Grundgedanke des Feng Shui lautet daher, daß alle Menschen erkennen müssen, daß sie Teil des großen Yin und Yang sind und niemand sich letztlich wahrhaft einen Vorteil verschaffen kann. Wer seinen Eigennutz über den Gemeinnutz stellt, wird irgendwann durch das kosmische Gesetz des Ausgleichs zur Rechenschaft gezogen. Wenn die universelle Gesetzmäßigkeit dann das notwendige Gleichgewicht von sich aus wiederherstellt, mag das für jene, die sich einen unrechtmäßigen Vorteil verschaffen zu können glaubten, nicht selten ein sehr schmerzhafter Ausgleichsprozeß werden.

Yin und Yang im eigenen Haus

Auch in den eigenen vier Wänden, vor allem wenn diese sich in einem Haus befinden, gelten die Prinzipien von Yin und Yang. Das Feng Shui geht davon aus, daß im Erdgeschoß und in der linken Haushälfte eher die männliche Energie (Yang) dominiert, während in der rechten Haushälfte und im Obergeschoß die weibliche Energie (Yin) vorherrscht.

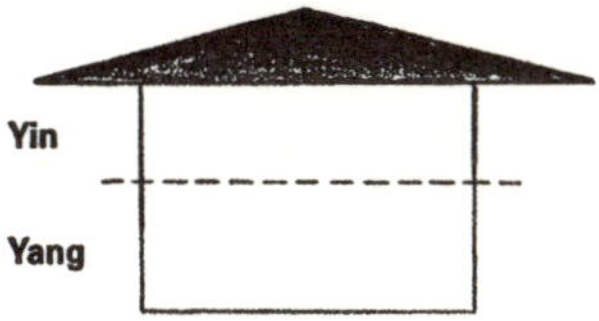

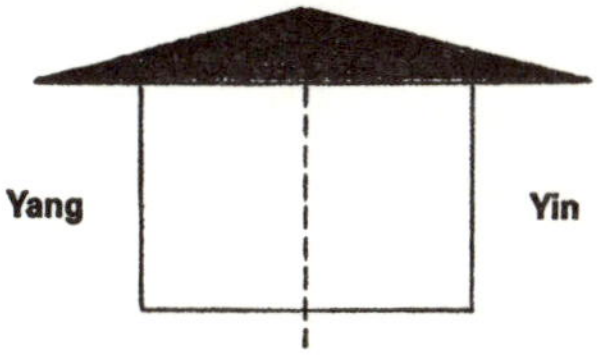

Die Elementarkräfte von Yin und Yang

Die Yin-Polarität

Yin gilt als die weibliche Kraft des Universums. So liegt es nahe, ihr auch die Qualitäten der Weichheit, der Beruhigung und des Aufnehmens zuzuordnen. Im planetarischen Sinne steht Yin für den Mond und die Erde. Schatten, Dunkelheit

und die Nacht werden ebenfalls zu den Yin-Aspekten gerechnet. Die Yin-Kräfte gelten eher als passiv, schwer, trübe, kalt und rückwärtsgewandt. Im Bereich der Natur wird auf die Yin-Seite das Wasser gerechnet und die Berge.
Der Körper gilt als Zuordnung zum Yin, wie alles Stoffliche und alle organischen Formen insgesamt.
Von den Krafttieren wird der Tiger dem Yin zugeordnet.

Die Yang-Polarität

Yang gilt als die männliche Kraft des Universums. So liegt es nahe, ihr auch die Qualitäten der Härte, der Anregung und des Eindringens zuzuordnen. Im planetarischen Sinne steht Yang für die Sonne und den Himmel. Licht, Helligkeit und der Tag werden ebenfalls zu den Yang-Aspekten gerechnet. Die Yang-Kräfte gelten eher als aktiv, leicht, rein und vorwärtsgewandt. Im Bereich der Natur wird auf die Yang-Seite das Feuer gerechnet und die Täler.
Die Seele gilt als Zuordnung zum Yang, wie alles Feinstoffliche und die spitzen, geometrischen Formen insgesamt.
Von den Krafttieren wird der Drache dem Yang zugeordnet.

Der Ausgleich

Das Modell von Yin und Yang darf nicht starr und statisch interpretiert werden. Im Grunde genommen und genau betrachtet, ist es ein Modell ständiger Veränderung. Yin und Yang bewegen sich unaufhörlich und verharren niemals in einem feststehenden Endzustand. So konnte die alte chinesische Weisheitstradition auch verkünden, ohne sich zentral zu widersprechen, daß bei genauer Betrachtungsweise weder Yin noch Yang existierten. Nur die große, universelle Einheit ist im eigentlichen Sinne das, was wahrhaft besteht.
Das angestrebte Ziel des Feng Shui liegt also im Ausgleich beider Prinzipien. Die Kunst liegt nun darin, jenes, das ein Übermaß an Yin beinhaltet, mit dem in Verbindung zu bringen, das über ein Übermaß an Yang verfügt.
Ein simples, aber einleuchtendes Beispiel aus dem Alltag mag das belegen. Wer mit zuviel Streß zu kämpfen hat, weist ein Übermaß an Yang auf. Um seine Gesundheit nicht zu gefährden, muß er seinen Yin-Anteil erhöhen – und zwar in Form von Beruhigung, Passivität und Stille. Mit anderen Worten, er muß zur Erholung in den Urlaub.

Yin und Yang im täglichen Leben

Yin und Yang in der Natur

Der beständige Austausch zwischen den Kräften des Yin und den Kräften des Yang erzeugt Veränderung und damit Wachstum und Bewegung. Tag und Nacht oder Sommer und Winter lösen einander ab und gleichen damit ihre Kräfte aus. Dieses natürliche, harmonische Spiel der Energien darf nicht gestört werden, da andernfalls die Balance von Yin und Yang auf der Erde gestört wird.

Sofern der Mensch in den Städten wohnt, spielen die Naturkräfte keine sonderliche Rolle für ihn. Er muß sich mit den Feng-Shui-Regeln innerhalb der großen Ballungsräume auseinandersetzen. Liegt sein Haus oder seine Wohnung jedoch in einem Naturgebiet, so gilt es, einige Grundregeln des Feng Shui zu beachten. Hügellandschaften und waldreiche Gegenden strahlen sehr viel Yin-Energie aus, die eher besänftigend und beruhigend wirkt. Liegt der Arbeitsplatz auch in einer solchen Gegend, muß der Mensch darauf achten, in seinem Umfeld die Yang-Energie zu stärken. Manchmal genügt schon eine intensive Nutzung der Sonnenenergie, die ja zur Yang-Polarität gehört. Liegt der Wohn- oder Arbeitsplatz am Meer, so gilt es, im Inneren die Yin-Energie zu stärken, um das ausgeprägte Yang des Meeres auszugleichen.

DIE VIER HIMMLISCHEN TIERE

In der Tradition des Feng Shui gibt es die Zuordnung der Eigenschaften eines Ortes nach den sogenannten „Vier himmlischen Tieren". Diese vier Tiere sind im einzelnen der Drache, meistens der „grüne Drache" genannt; die Schildkröte, häufig auch als „schwarze Schildkröte" bezeichnet; der Tiger, in der Regel als „weißer Tiger" charakterisiert; und der Phönix, der sich als „roter Phönix" aus der Asche erhebt.
Der Drache gilt als das mächtigste der vier Tiere, der als Beweger des Erde-Chi gilt und diese Kraft von einer Seite auf die andere zu schieben vermag. Dort wartet bereits der Tiger, um die verbrauchte Energie zu entsorgen. Beide Krafttiere gleichen ihre Pole durch ihr Wirken aus. Das andere Paar bilden die schutzbietende Schildkröte, die an der Rückseite des Hauses wacht, und der aktive, bewegliche Phönix, der für alle Entwicklungen offen ist.
Nach den Lehren des Feng Shui würde die ideale Wohnlandschaft aus einer vollkommenen Kombination dieser vier Himmelstiere bestehen. Der Drache steht für die sanfte Hügelkette oder den flachen Wald an der rechten Seite des Hauses. Hinter dem Haus repräsentiert die Schildkröte ein hoch aufragendes Gebirgsmassiv oder einen Hochwald, während der Tiger an der linken Seite durch eine flache Hügellandschaft angedeutet wird. An der Vorderseite schließt der Phönix die Komposition mit einer großen, freien

Fläche, durch die im Idealfall noch ein kleines Gewässer seinen Lauf sucht. Auch eine nicht regelmäßig geformte Mauer könnte die Vorderseite einrahmen.
Ausgangspunkt für die Zuordnung der einzelnen Tiere ist dabei nicht die Himmelsrichtung, sondern die Haustür. Allerdings räumen selbst eingefleischte Feng-Shui-Praktiker ein, daß eine solche Idealform nur schwer zu finden ist.

Die vier himmlischen Tiere in der Stadt

Der Einfluß der vier himmlischen Tiere bleibt prinzipiell auch in den großen Städten wirksam, wenngleich er sich dort natürlich anders ausdrückt als in der Natur. In der Stadt gilt es, analoge Formationen der Häuser und Gebäude zu finden. Um das Chi von Tiger und Drache optimal fließen zu lassen, können schon zwei verkehrsreiche Straßen links und rechts des Hauses ausreichend sein. Die Harmonie zwischen den vier himmlischen Tieren ist auch deshalb erforderlich, weil sie natürlich entscheidend die Balance zwischen Yin und Yang in einem Gebäude bestimmen. Eine selbstbewußte, emanzipierte Frau sollte daher, zumindest nach der Lehre des Feng Shui, nicht in einer Firma arbeiten, deren Eingangstür auf der Drachenseite (also rechts) liegt, denn in diesem Haus werden die Männer dominieren!

Yin und Yang im Haus

Im ganzen Haus sollte möglichst auf eine ausgeglichene Yin-Yang-Energie geachtet werden, während in einzelnen Zimmern durchaus einer der beiden Pole dominieren darf. Im Kinderzimmer sollte stets die Yang-Energie dominieren, da Heranwachsende oftmals einen gewissen Überschuß davon benötigen. Gleiches gilt auch, wenn ein Mitglied der Familie erkrankt ist. In diesem Falle sollte im Krankenzimmer stets ein Überschuß an Yang-Energie aufgebaut werden, die der Genesende zum Gesundwerden benötigt. Ganz anders verhält es sich dagegen in den Schlafräumen. Da diese zur Entspannung und Erholung dienen, sollte in ihnen stets ein höherer Anteil von Yin vorhanden sein. Um zu vermeiden, daß sich das Liebesleben nicht völlig in Langeweile verliert, sollten Paare allerdings darauf achten, einen gewissen Yang-Anteil nicht völlig außer acht zu lassen. Zuviel Ruhe und Entspannung kann auf die Dauer in das Gegenteil umschlagen!

Es gehört also zur Kunst des Feng Shui, die Lage des Hauses richtig einzuschätzen und die Räume entsprechend ihrer Nutzung mit Energie zu versorgen. Im Wohn-, Kinder- und Arbeitszimmer sowie in der Küche sollte Yang dominieren; im Schlaf- und Badezimmer sowie in den Abstellräumen dagegen Yin vorherrschen.

Es kann allerdings auch Ausnahmen geben. So sollte beispielsweise jemand, der zu erhöhter

Nervosität neigt, seinen Arbeitsbereich möglicherweise besser in einen Yin-Raum verlegen, da er dort wahrscheinlich effektiver arbeiten wird. Leidet jemand eher an Depression oder neigt zu Lethargie, wäre es empfehlenswert, sich verstärkt in Yang-Räumen aufzuhalten.
Da das Feng Shui davon ausgeht, daß die Verteilung der Energien von Yin und Yang von oben nach unten verläuft, wird empfohlen, das Schlafzimmer in einem Einfamilienhaus eher ins Obergeschoß und die Lebens- und Aufenthaltsräume eher ins Erdgeschoß zu legen.

Yin und Yang im Berufsleben

Das Feng Shui geht grundsätzlich davon aus, daß Geschäftsräume oder Firmengebäude eine starke Yang-Betonung aufweisen sollten. Günstig wäre es auch, diese Aktivbereiche durch kräftige Farben zu unterstützen. Auch ein gewisser Geräuschpegel kann sich in diesem Zusammenhang positiv auswirken und den Arbeitseifer beflügeln.
Lange Bürokorridore, mit eintönigen Einrichtungen und den klassischen einfarbigen Ablageschränken, gelten nach dem Feng Shui geradezu als tödlich. Jeder, der sich schon einmal stundenlang durch bestimmte Behördenkorridore quälen mußte, wird diesbezüglich bestätigende Erfahrungen gemacht haben.
Ein nach Feng-Shui-Kriterien mit viel gutem

Yang angefülltes Büro wird dagegen hell, farbig, gut durchlüftet und mit Grünpflanzen oder Blumen gestaltet sein. Hier vermag sich Kreativität und Dynamik zu entfalten!
Ein Büro darf auch niemals eine Aktenkammer sein. Es bedarf also eines oder mehrerer Fenster, um dadurch das Yang der Sonne einzuladen. Im Feng Shui wird auch empfohlen, die Arbeitsatmosphäre durch sanfte Hintergrundmusik zu verbessern.
In reinen Geschäfts- oder Bürohäusern sieht das Feng Shui eine Aufteilung dahingehend vor, daß in den oberen Etagen die Ideen und Konzepte entwickelt werden, die sich in den unteren Stockwerken praktisch umsetzen lassen.

Yin und Yang und Haustiere

Eine interessante Besonderheit findet sich im Feng Shui bezüglich des Haltens von Haustieren. Es wird davon ausgegangen, daß sich die Energie in einem Haus verändert, wenn alle seine Bewohner im Kindergarten, in der Schule oder im Büro weilen. In diesem Falle verringert sich, bedingt durch die große Stille, die Yang-Energie ganz entscheidend.
Um diesem Verlust entgegenzuwirken, empfiehlt sich das Halten von Haustieren. Hunde und Katzen sind vor allem geeignet, um den Yang-Anteil während der Abwesenheit der Hausbewohner nicht zu stark absinken zu lassen. Selbst Vögel

oder Zierfische verbessern durch ihre geringen Aktivitäten schon signifikant den Yang-Anteil.
Grundsätzlich gibt das Feng Shui allen Hausbewohnern oder Wohnungsinsassen den Rat, wach und bewußt die eigene Lebenswelt zu beobachten und selbst zu erspüren, wenn ein Ungleichgewicht von Yin und Yang sich abzuzeichnen beginnt und die Lebensenergie, das Chi, nicht mehr in voller Kraft durch die Räume strömt. Ist dies der Fall, gilt es, schnellstmöglich etwas zu verändern, um für dieses Defizit eine Abhilfe zu schaffen.
Wachheit und bewußte Lebensführung gilt auch im Feng Shui als eine der Grundregeln!

KAPITEL 4

Die fünf Elemente

Die Grundkräfte

Die Ursprünge

Im alten China bildeten die fünf Elemente die Grundlage für alle Orakel-Systeme, für Prophezeiungen und Weissagungen. Selbst im Bereich der Astrologie spielten die fünf Elemente eine entscheidende Rolle. Die Zuordnung der einzelnen Qualitäten gab Aufschluß darüber, wie sich die Zukunft entwickeln würde. Mit dieser Betonung der Elemente stand China allerdings nicht allein. Auch in anderen Hochkulturen wurde den Elementen eine erhebliche Bedeutung beigemessen. In den ägyptischen und griechischen Mysterientraditionen waren es die vier klassischen Elemente Erde, Feuer, Wasser und Luft; in der chinesischen Überlieferung kam ein fünftes Element hinzu, während die Luft ganz entfiel. Neben Feuer, Wasser und Erde rechneten die Chinesen noch Holz und Metall zu den Elementen. Da die Elemente traditionell den vier Jahreszeiten zugeordnet wurden, mußte eine fünfte Jahreszeit unterteilt werden. Dies geschah dadurch, daß der Herbst in eine dem Sommer nahe und eine dem Winter nahe Zeit geteilt wurde.

Um nun zu einem günstigen Feng Shui zu gelangen, kam es darauf an, die Energie der fünf Elemente in ein optimales Verhältnis zueinander zu bringen, unter der Voraussetzung, daß sie in sich selbst bereits einen idealen Chi-Wert aufwiesen.

Die fünf Elemente und die Jahreszeiten

Die fünf Elemente wurden den fünf Jahreszeiten auf folgende Weise zugeordnet:

- Holz zählte zum Frühling und der Himmelsrichtung Osten bzw. Südosten. Zu diesem Element gehörte auch die grüne Farbe und die rechteckigen Formen. Von der Numerologie her wurden die 3 und die 4 dem Holz zugeordnet, dessen Energie als nach außen gerichtet eingeschätzt wurde.
- Feuer zählte zum Sommer und der Himmelsrichtung Süden. Zu diesem Element gehörte auch die rote Farbe und die dreieckigen Formen. Von der Numerologie wurde die 9 dem Feuer zugeordnet, dessen Energie als nach oben gerichtet eingeschätzt wurde.
- Erde zählte zur dem Sommer nahen Periode des Herbstes und der Himmelsrichtung Südwesten bzw. Nordosten. Zu diesem Element gehörte auch der Ocker-Farbton und die quadratischen Formen. Von der Numerologie her wurden die 2, die 5 und die 8 der Erde zugeordnet, deren Energie als zur Seite gehend eingeschätzt wurde.
- Metall zählte zur dem Winter nahen Periode des Herbstes und der Himmelsrichtung Westen bzw. Nordwesten. Zu diesem Element gehörte auch die weiße Farbe und die runden Formen. Von der Numerologie her wurde die 6 und die 7 dem Metall zugeordnet, dessen Energie als nach innen gerichtet eingeschätzt wurde.

• Wasser zählte zum Winter und der Himmelsrichtung Norden. Zu diesem Element gehörte auch die blaue bzw. schwarze Farbe und die wellenförmigen Formen. Von der Numerologie her gesehen wurde die 1 dem Wasser zugeordnet, dessen Energie als nach unten gerichtet eingeschätzt wurde.

Die Verbindungen der fünf Elemente

Die Schwingungen der fünf Elemente wirken, in der Regel nach zyklischen Gesetzmäßigkeiten, aufeinander ein. Auch hier werden die Jahreszeiten und ihre Übergänge als Erklärungsmodell herangezogen. Im Frühling dehnen sich die Kräfte aus und lassen die nach oben gerichtete Energie des Sommers entstehen. Im Herbst wiederum ziehen sich die Energien nach innen und erstarren in der Kälte des Winters. Im nächsten Frühjahr beginnt der Prozeß von neuem.
Verlaufen die Zyklen harmonisch, entsteht so eine Abfolge von organischen Prozessen des Werdens und Vergehens. Im Feng Shui wird zusätzlich von einer Übergangsphase gesprochen, wenn sich ein Element in ein anderes zu verwandeln beginnt. In keinem Fall darf jedoch ein Übermaß eines Elementes entstehen, da sonst ein gefährliches Ungleichgewicht der Energie vorläge.

Der Zyklus des Werdens und Vergehens

Das Holz nährt als Brennmaterial das Feuer. Durch diesen Prozeß wird das Holz-Element also geschwächt, das Erde-Element dagegen gestärkt; denn aus Feuer wird Asche und aus Asche wieder Erde. Das Erde-Element übt somit eine schwächende Funktion auf das Feuer-Element aus. Die Energie des Elements Erde gilt als absteigend und sammelnd und bringt so das Metall hervor. Dieser Prozeß veranschaulicht also, daß das Metall-Element das Erde-Element schwächt. Unter Einfluß von Feuer wird das Metall-Element flüssig und nährt somit das Wasser-Element. Das Wasser-Element schwächt also das Metall-Element. Wasser wiederum gilt als Nährstoff für das Holz, denn Bäume benötigen Wasser zum Überleben. Das Wasser-Element stärkt also das Holz-Element – und der Kreislauf kann von neuem beginnen.

Die Eigenschaften der fünf Elemente

Die Lehre von den fünf Elementen hebt das Modell von Yin und Yang nicht auf, sondern differenziert es. Dabei gilt es im Feng Shui zu berücksichtigen, daß jedes Element eine eigene Zusammensetzung von Yin und Yang aufweist, die für eine harmonische Gewichtung der Kräfte sorgfältigst zu beachten ist. In der Tradition des Feng Shui gibt es keine eindeutige Zuordnung hinsichtlich Anfang und Ende des Kreislaufs der fünf Elemente. In neuerer Zeit neigt man dazu, das Holz, als Element des Frühjahrs, an den Anfang des Zyklus zu legen. Diese Zuordnung ergäbe auch dadurch Sinn, als das Holz den Osten repräsentiert und damit die Himmelsrichtung des Sonnenaufgangs und Tagesanfangs.

Holz

Die Holz-Energie steht für Ausdehnung, Fortschritt, Kraft und Wachstum. Verständlicherweise gilt der Baum als das klassische Symbol für das Element Holz. Im Frühjahr beginnt er auszutreiben und wächst in alle Richtungen. Das Leben erwacht im Osten, der neue Zyklus des Lebens nimmt seinen Anfang.

Die Energien des Holz-Elements bringen zudem das Glück materiellen Erfolges. In Verbindung mit dem zunehmenden Mond wird das Holz-Element auch mit der Kraft des Gebärens in Verbindung gebracht und verheißt Glück hinsichtlich der Nachkommenschaft. In China verheißt es im Weissagungs-Bereich ganz speziell die Geburt von Söhnen!

Im Haus gilt die Holz-Energie als besonders förderlich für die Wohn- und Schlafbereiche sowie für das Kinderzimmer. Im öffentlichen Leben empfiehlt das Feng Shui die Verwendung von

Holz in sozialen Einrichtungen, vorrangig in Kindergärten und Schulen; aber auch Restaurants sollen von der Verwendung von Holzmaterialien profitieren.
In der Fünf-Elemente-Lehre gilt der Geschmack des Holzes als sauer, sein Geruch als ranzig. In der Organsprache wird dem Element Holz die Leber zugeordnet.

Feuer

Feuer gilt als das dominierende Yang-Element. Seine Energie ist aufsteigend, von daher kann es nicht verwundern, wenn ihm die Qualitäten von Wärme, Leidenschaften und Aufgeregtheit zugesprochen werden.
Festzuhalten gilt es beim Feuer-Element, daß es nicht aus sich selbst heraus ins Dasein tritt, sondern durch eine äußere Einwirkung erzeugt werden muß.
Die rote Farbe, die zum Feuer gehört, wird auch mit dem Blut verknüpft, besonders mit dem tierischen. Alle Tierprodukte gelten daher als dem Feuer-Element zugehörig, angefangen von Wurst und Fleisch über die Haut bis hin zu den Tierfellen.
In der Gesellschaft gilt das Feuer-Element als die Energie, mit der man es zu Erfolg, Ruhm und Anerkennung bringen kann. Da man Feuer jedoch, im Gegensatz zu allen anderen Elementen, nicht aufbewahren kann, gilt es vielleicht zu

bedenken, daß Erfolg und Ruhm vergänglich sein können.
Im Haus gilt das Feuer-Element als besonders geeignet für die Küche; im sozialen Leben sollte es in Schulen und Universitäten genutzt werden, da es intellektuelle Leistungen besonders zu fördern vermag.
In der Fünf-Elemente-Lehre gilt der Geschmack des Feuers als bitter, sein Geruch sinnigerweise als verbrannt. In der Organsprache wird dem Element Feuer das Herz zugeordnet.

Erde

Dem Element Erde wird alles zugeordnet, was sich in Bodennähe befindet. Erde gilt als das zentrale Element im Feng Shui. Wenn die Erde-Energie im Haus optimal genutzt wird, garantiert dies ein glückliches Familienleben.
Alle Baumaterialien gelten als Erd-Elemente, wie etwa Beton, Ziegel oder Ton. Besonders beliebt sind in Asien Ziegelhäuser mit spitzen Dächern, da sie das Erde- und das Feuer-Element vereinen. Zudem gilt das Feuer-Element im Spitzdach auch als gute Feng-Shui-Abwehr gegen die Regengüsse des Monsun.
Im Haus gilt das Erde-Element als nicht ideal für den Wohnbereich. Es sollte statt dessen eher für Lagerräume, Schuppen oder Garagen genutzt werden.
In der Fünf-Elemente-Lehre gilt der Geschmack

der Erde als süß, sein Geruch als duftend. In der Organsprache wird dem Element Erde der Magen zugeordnet.

Metall

Die Metall-Energie steht für Glück und großen Wohlstand. Seine dichte, nach innen gerichtete Kraft wird sehr häufig auch mit Gold und anderen Edelmetallen in Verbindung gebracht, und eine Nutzung dieser Kräfte führt dann zu entsprechendem materiellem Erfolg. Das Element Metall bewirkt auch das plötzliche Auftauchen hilfsbereiter Menschen, die für das Wachstum des persönlichen Reichtums weitere positive Impulse bringen können. Um diese Menschen bewußt anzuziehen, lehrt das Feng Shui, im Nordwesten eine goldene Glocke anzubringen. Vielleicht wäre das ein hilfreicher Rat in finanziellen Notlagen?!

In Asien wird aus diesen Gründen darauf geachtet, daß Geschäftshäuser oder Banken mit prächtigen Metallkuppeln ausgestattet sind, da die runden Formen speziell dem Element Metall entsprechen. Aber auch im Sakralbereich, bei Tempeln oder Moscheen, findet sich häufig die Rund- oder Kuppelbauweise …

Im organischen Bereich steht das Element Metall für den abnehmenden Mond, für den Herbst des Jahres oder des Lebens.

Im Haus sollte das Element Metall keine Rolle

spielen, da das Streben nach materiellem Reichtum sich negativ auf die menschlichen Beziehungen auswirken könnte. Allenfalls im Arbeitszimmer könnte es Verwendung finden. Im öffentlichen Leben dagegen kann es neben den bereits genannten Bereichen auch in Produktionsstätten oder Handelshäusern Verwendung finden.
In der Fünf-Element-Lehre gilt der Geschmack des Metalls als scharf, sein Geruch als verrottet. In der Organsprache wird dem Element Metall die Lunge zugeordnet.

Wasser

Im Feng Shui wird Wasser mit dem Aspekt der Gesundheit in Verbindung gebracht. Wasser steht auch für Leben an sich, was besonders in den trockenen Gebieten Asiens oder Afrikas nachvollziehbar ist. So wie Ägypten den fruchtbaren Nilschlamm benötigte, so hielten die Reisbauern Asiens nach Regen Ausschau, um die Grundernährung zu sichern.
Wasser wie auch Feuer sind Elemente, die einer genauen Überwachung unterliegen müssen. Beide können erhebliche Schäden anrichten, wenn sie außer Kontrolle geraten.
Im Haus sollte das Element Wasser in genauer, zielgerichteter Weise Verwendung finden. Gut plaziert, kann es in Form von kleinen Brunnen, Wasserfällen oder Swimmingpools kosmische

Lebenskraft anziehen. Auch das hauseigene Aquarium wirkt sich positiv auf die Lebensqualität aus. Selbst im Westen ist es den meisten Menschen aufgefallen, daß in zahlreichen China-Restaurants große Aquarien stehen. Im öffentlichen Leben spielt das Element Wasser eine große Rolle im Kommunikationsbereich, von daher werden Presse, Fernsehen, Werbung und Telekommunikation vom Wasser-Element positiv beeinflußt.
In der Fünf-Elemente Lehre gilt der Geschmack des Wassers als salzig, sein Geruch als faulig. In der Organsprache werden dem Element Wasser die Nieren zugeordnet.

Die fünf Elemente und die acht Himmelsrichtungen

Die acht Trigramme

Mit den acht Trigrammen berührt das Feng Shui wieder seine Wurzeln. Der Ursprung des I Ging und der in ihm enthaltenen Hexagramme und Trigramme ist bis heute nicht exakt feststellbar. Ob die Angabe der viertausend Jahre zutreffend ist oder nicht, ist heftig umstritten. Viele Forscher gehen von einer weitaus älteren Quellenlage aus. Die acht Trigramme setzen sich aus durchgezo-

genen und drei durchbrochenen Linien zusammen, die in ihren verschiedenen Kombinationen die vierundsechzig Hexagramme des I Ging bilden. Das I Ging hat im Laufe der Jahrtausende zu vielen Spekulationen Anregung geboten, die von mathematischen Theorien über den genetischen Code des Menschen bis hin zu Aspekten der modernen Computertechnologie reichen. Selbst im politischen Bereich haben die Trigramme eine Rolle gespielt, indem sie nämlich Eingang in die südkoreanische Nationalflagge gefunden haben.
Die Trigramme spielen im Feng Shui eine Doppelrolle. Zum einen werden sie in Verbindung mit den Elementen und den Himmels- bzw. Nebenhimmelsrichtungen betrachtet, zum anderen werden sie zu einer achteckigen Figur gruppiert, die den Namen Pa-Kua oder Bagua trägt. Diese spielt in den praktischen Modellen des Feng Shui eine erhebliche Rolle.

Die Trigramme und die Elemente

Ein Trigramm wird aus drei Linien gebildet, wobei die durchgezogene Linie Yang symbolisiert, während die durchbrochene Linie Yin ausdrückt. Außerdem wird jedes der Trigramme einem Element zugeordnet und trägt zudem einen eigenen Namen.
Drei durchgezogene Linien bezeichnen Metall und tragen den Namen Chien.
Eine durchbrochene und zwei durchgezogene

Linien bezeichnen ebenfalls Metall, tragen jedoch den Namen Tui.
Zwei durchgezogene und eine unterbrochene Linie bezeichnen Holz und tragen den Namen Sun.
Eine durchgezogene Linie inmitten von zwei durchbrochenen bezeichnet Wasser und trägt den Namen Kan.
Eine durchbrochene Linie inmitten von zwei durchgezogenen Linien bezeichnet Feuer und trägt den Namen Li.
Zwei durchbrochene Linien über einer durchgezogenen bezeichnen Holz und tragen den Namen Chen.
Eine durchgezogene Linie über zwei durchbrochene bezeichnet Erde und trägt den Namen Ken.
Drei durchbrochene Linien bezeichnen ebenfalls Erde, tragen aber den Namen Kun.

CH'IEN	**TUI**	**SUN**	**K'AN**
Metall	**Metall**	**Holz**	**Wasser**

LI	**CHEN**	**KEN**	**K'UN**
Feuer	**Holz**	**Erde**	**Erde**

Die Trigramme und die Himmelsrichtungen

Die acht Trigramme repräsentieren auch die acht Himmelsrichtungen, wobei sich die einzelnen Zeichen wie folgt zuordnen:

Kan (Wasser) gehört zum Norden.
Chien (Metall) gehört zum Nordwesten.
Tui (Metall) gehört zum Westen.
Kun (Erde) gehört zum Südwesten.
Li (Feuer) gehört zum Süden.
Sun (Holz) gehört zum Südosten.
Chen (Holz) gehört zum Osten.
Ken (Erde) gehört zum Nordosten.

In Verknüpfung zum Horoskop, zu bestimmten Farben und dem Tagesverlauf ergeben sich eine Fülle von Kombinationsmöglichkeiten, die alle im Feng Shui eine bedeutende Rolle spielen. Sie ergeben ein verzweigtes System, das Vorhersagen und Ratschläge in fast allen Bereichen des Lebens ermöglicht.

Die Trigramme und ihre Verknüpfungen

Ursprünglich betrachtete man die acht Trigramme als eine Familie, was in den verschiedenen Verknüpfungen auch noch eine zentrale Rolle spielt. Im alten China wurden die Zuordnungen gemäß der Familienordnung vorgenommen, die über den Vater, die Töchter und die Söhne hin zur Mutter verlief. Im einzelnen sah die Struktur dann folgendermaßen aus:

Chien (Metall) stand für den Vater und den Himmel. Die drei durchgezogenen Linien deuten die vollständige Yang-Kraft an. Als Farbe ordnete man ihm das Silbergrau zu, den Abend als Tages- und den Spätherbst als Jahreszeit. Es war das Zeichen für Willensstärke, Verantwortungsbewußtsein und Führungskraft.

Tui (Metall) stand für die jüngste Tochter und das Meer. Die Linienverteilung zeigt Yin-Yang-Yang als Kräftespiel an. Als Farbe ordnete man ihr das Rot zu, den frühen Abend als Tages- und den Herbst als Jahreszeit. Es war das Zeichen Frische, Leichtigkeit und Offenherzigkeit.

Li (Feuer) stand für die Mittlere Tochter und das Feuer. Die Linienverteilung zeigt Yang-Yin-Yang als Kräftespiel an. Als Farbe ordnete man ihr das Purpur zu, den Mittag als Tages- und den Hochsommer als Jahreszeit. Es war das Zeichen explosiver Kraft, Aktivität und wacher Intelligenz.

Chen (Holz) stand für den ältesten Sohn und den Donner. Die Linienverteilung zeigt Yin-Yin-Yang als Kräftespiel an. Als Farbe ordnete man ihm das Grün zu, den Morgen als Tages- und den Frühling als Jahreszeit. Es war das Zeichen der Kraft, des Neuanfangs und der zielstrebigen Energie.

Sun (Holz) stand für die älteste Tochter und den Wind. Die Linienverteilung zeigt Yang-Yang-Yin als Kräftespiel an. Als Farbe ordnete man ihr das Blau zu, den Vormittag als Tages- und den Frühsommer als Jahreszeit. Es war das Zeichen der Beständigkeit, der Geduld und des allmählichen Fortschritts.

Kan (Wasser) stand für den mittleren Sohn und das Wasser. Die Linienverteilung zeigt Yin-Yang-Yin als Kräftespiel an. Als Farbe ordnete man ihm das Pastellweiß zu, die Nacht als Tages- und den Winter als Jahreszeit. Es war das Zeichen der Zurückgezogenheit, der Stabilität und der inneren Verwandlung.

Ken (Erde) stand für den jüngsten Sohn und die Berge. Die Linienverteilung zeigt Yang-Yin-Yin als Kräftespiel an. Als Farbe ordnete man ihm das Weiß zu, den frühen Morgen als Tages- und das Winterende als Jahreszeit. Es war das Zeichen der Versenkung, der Unentschiedenheit und der Selbstfindung.

Kun (Erde) stand für die Mutter und die Erde. Die drei unterbrochenen Linien deuten die vollständige Yin-Kraft an. Als Farbe ordnete man ihr das Schwarz zu, den Nachmittag als Tages- und den Spätsommer als Jahreszeit. Es war das Zeichen der Fruchtbarkeit, der Beständigkeit und der Sicherheit.

Das Bagua

Der Ursprung

Das Bagua, häufig auch Pakua geschrieben, stammt aus der Frühzeit des Feng Shui. Es gab ursprünglich zwei unterschiedliche Zusammensetzungen für die Trigramme, die das Bagua bilden. Mit dem einen erforschte man das Feng Shui der Lebenden, mit dem anderen jenes der Verstorbenen. Es wurde also sowohl für Häuser und Wohnungen angewandt, als auch für Friedhöfe und Grabstätten.
In der Regel wird das Bagua als Achteck gezeichnet, doch ist auch eine Unterteilung in eine rechteckige Form mit acht Feldern nicht ungebräuchlich. In dieser Verwendungsform besteht dann meistens noch ein zusätzlicher Mittelpunkt, der als das Tai Chi bezeichnet wird.

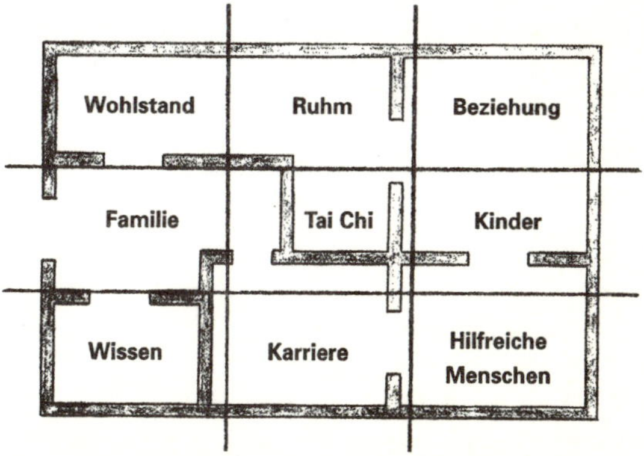

Vor allem wenn es als Orakel verwendet wird, indem nicht Räumlichkeiten, sondern verschiedene Lebensziele in die acht Felder eingesetzt werden, erhält das Bagua diese Prägung.
Es kommt dann darauf an, die geplante Struktur der eigenen vier Wände genau hinsichtlich der Lebensziele und ihrer entsprechenden Raumzuordnungen zu überprüfen. Werden hier Fehler begangen, kann das Chi nicht in harmonischer Weise fließen.

Das Schutz-Bagua

In besonderen Fällen verwendet man ein Bagua auch als Schutzzeichen, um „Giftpfeile" abzuwehren, vor allem durch äußere Einflüsse wie Straßen oder „schädliche" Bauwerke. Erfahrene Feng-Shui-Lehrer weisen bei der Verwendung des Bagua in dieser Form, die auch als Yin-Bagua bezeichnet wird, nachdrücklich darauf hin, es mit äußerster Umsicht anzubringen. Es sollte auf keinen Fall im Haus gewissermaßen als „Amulett" angebracht werden, da in diesem Fall seine Kraft zerstörerisch auf die Bewohner wirken würde. Auch muß bei der Außenanbringung darauf geachtet werden, daß keine Nachbarn geschädigt werden.

Die Lebensfelder

Das Bagua läßt sich leicht verwenden, indem Sie die acht Felder und das Tai-Chi-Feld auf ein Blatt zeichnen und damit Ihre Lebenswelt vergleichen. Es gilt dabei auch auf Kleinigkeiten zu achten, da ein disharmonisches Detail möglicherweise ungeahnte Auswirkungen hervorrufen kann.
Auch bei der Anwendung des Bagua gilt es jedoch, die grundlegenden Gesetzmäßigkeiten des Feng Shui zu beachten, nämlich Ordnung, Sauberkeit, Möblierung und Dekorationen. Alle vier Aspekte müssen sich dem Lebensziel, wie es im Bagua aufgezeichnet ist, harmonisch unter- und einordnen.
Mit diesem Hilfsmittel in der Hand kann es dann zu einer Feng-Shui-Analyse im Detail kommen.

KAPITEL 5

Feng Shui im Haus und in der Umgebung

Die Lage des Grundstücks

Das lebendige Universum

Die Grundidee des Feng Shui – und eine der tiefsten Einsichten der östlichen Philosophie überhaupt – besteht in der Betrachtung des Universums als eine lebendige Ganzheit. Das Universum ist kein materieller Gegenstand, sondern ein gewaltiges Energiefeld. Nicht nur die Weisen Asiens, sondern in der Neuzeit auch die modernen Physiker haben erkannt, daß der gesamte Kosmos eine große, pulsierende Einheit bildet, in der alles mit allem in Verbindung steht. Es gibt nicht Unbelebtes, und es gibt nicht Isoliertes. Das kleinste Teilchen ist mit dem größten verbunden; oder wie die alte Weisheit Ägyptens es ausdrückte: Wie oben, so unten!
Vielleicht hatten auch die alten Griechen recht, als sie davon ausgingen, es müsse so etwas wie eine Weltseele geben.
Was immer es auch sein mag, das Feng Shui studiert die lebendige Verbindung zwischen den verschiedenen Energiefeldern im Kosmos und auf Erden – im Mikrokosmos und im Makrokosmos!

Wo baue ich mein Haus?

Die Antwort des Feng Shui ist relativ einfach: Inmitten einer sanften Hügellandschaft, hohe Bäume oder einen Berggipfel im Rücken und vor dem Haus ein freier Blick auf ein Tal oder einen kleinen Flußlauf. So einfach kann es sein! Gibt es möglicherweise Probleme in dieser Hinsicht mit Ihrem Haus?
Es ist in der Regel kaum möglich, diese idealen Feng-Shui-Gesichtspunkte bei der Wahl der eigenen vier Wände umzusetzen. Trotzdem gibt es eine Fülle von Details, die beachtet werden können, um zumindest grobe Fehler zu vermeiden und den Erfahrungen von Feng Shui Rechnung zu tragen.

Die Feng-Shui-Grundsätze

Ein Haus verfügt dann über ein gutes Feng Shui, wenn alle Einzelelemente und die Gesamtenergie des Hauses eine harmonische Verbindung eingehen. In diesem Fall steht das Haus unter dem Schutz der „himmlischen Krafttiere“, und die „fünf Elemente“ sind in harmonischer Weise im Gebäude verwirklicht. Natürlich schwingen in diesem Falle auch die Kräfte von Yin und Yang in einer vollkommenen Balance miteinander.
Um diese Grundsätze zu beachten, sollte man als erstes einen grundsätzlichen Blick auf die Umgebung werfen. Ein Umfeld, in dem eine Auto-

lackiererei neben einer Disco liegt, fünfhundert Meter vom lokalen Klärwerk entfernt, dürfte kaum den Grundsätzen des Feng Shui entsprechen. Statt dessen sollte darauf geachtet werden, daß Bäume und Pflanzen in der Nähe wachsen und ein Gewässer, wie klein es auch sei, sich in der näheren Umgebung befindet. Wichtig ist auch, das Haus nicht schutzlos in die Gegend zu bauen.

Die Feng-Shui-Standort-Prinzipien

Wenn Sie ein Haus im Gebirgsbereich errichten, sollte es möglichst nicht zu nahe an einer Gebirgswand stehen. Zum einen dominiert in diesem Fall eine zu starke Feuer-Energie, zum anderen dürfte es zu disharmonischen Windturbulenzen kommen. Steinschlag wäre zudem eine weitere mögliche Gefahrenquelle, die im Winter auch in Form von Lawinen Ausdruck finden könnte. Hier wäre es ratsam, wenn sich manche Alpendörfer zumindest nach den wichtigsten Grundregeln des Feng Shui orientieren würden.
Feng Shui plädiert, wie viele Gedanken der östlichen Philosophie, für den „mittleren Weg". Bauen Sie Ihr Haus nicht ganz oben auf dem Gipfel und nicht ganz unten im Tal. Die halbe Höhe wäre eine gute Wahl, um den Windgeistern zu entgehen und die Enge des Tales zu meiden.
Wenn Ihr Haus in einer bewohnten Gegend liegt, was häufig kaum zu vermeiden ist, so sollten Sie

unbedingt darauf achten, daß es nicht direkt an einer schnurgeraden Straße errichtet wird. Diese würde das „Chi" viel zu sehr beschleunigen und so eine erhebliche Störung im Energiegleichgewicht herbeiführen.
Auch die gegenteilige Wahl wäre nicht empfehlenswert, nämlich das Haus am Ende einer Sackgasse zu errichten. Hier käme es zu einem unerwünscht intensiven Energiestrom, der direkt auf das Haus gerichtet wäre. Als Abhilfe, falls das Haus schon steht, wäre eine Mauer oder eine hohe Hecke zu empfehlen, die den Energieaufprall abfangen könnte.

Feng Shui im Stadtbereich

Das Stadthaus oder die Stadtwohnung

Die Feng-Shui-Prinzipien gelten natürlich auch für den Stadtbereich. Es ist daher dringend davon abzuraten, sein Haus oder seine Wohnung in der Nähe von Fabriken oder Betrieben anzusiedeln, die starke Emissionen verursachen, seien diese chemisch, biologisch oder einfach nur Störungen im Wohlbefinden verursachend.
Das Feng Shui rät auch von der Nähe folgender Einrichtungen oder Gebäude ab: Friedhöfe, Kir-

chen (zu viel Yin), Bars, Bordelle, Gefängnisse, Krankenhäuser, Polizeistationen, Feuerwehrstationen oder Regierungsbehörden.
Wichtig ist es in jedem Fall, den Fluß des Chi zu regeln, worüber noch im Abschnitt über die Haustür zu sprechen sein wird, und soviel lebendige Natur wie möglich im Bereich des Hauses oder der eigenen Wohnung anzusiedeln. Ein kleiner Vorgarten, eine Hecke oder ein paar Büsche können diesbezüglich schon äußerst positive Effekte bewirken.

Die Nachbarschaft

„Es kann der Frömmste nicht in Frieden leben, wenn es dem bösen Nachbarn nicht gefällt." Dieses wohlbekannte Dichterwort stammt zwar nicht von einem Feng-Shui-Praktiker, enthält aber eine tiefe Feng-Shui-Weisheit. Die richtige Wahl der Nachbarschaft gehört zu den obersten Prinzipien des Feng Shui bei der Auswahl eines geeigneten Wohnplatzes. Entweder sollte das eigene Grundstück völlig unabhängig vom Nachbarn sein, um einen genügend großen Raum zum Errichten eines eigenen Energiefeldes zu bieten, oder es sollte nach beiden Seiten gut geschützt sein. Das, was über die „geheimen Pfeile" hinsichtlich Bauwerke oder Gebäudeteile gilt, trifft in verstärktem Maße über die Nachbarn zu. Es kommt daher darauf an, den Konflikt oder das Konfliktpotential mit allen Nachbarn auf dem geringstmöglichen Niveau zu halten. Jeder Streit vergiftet die Atmosphäre, und die Giftpfeile werden mit Sicherheit ihr Ziel erreichen.

Schutzmassnahmen

Zwei Grundregeln des Feng Shui müssen besonders beachtet werden, um den Eingangsbereich eines Hauses zu schützen: Zum einen darf die Tür nicht so angeordnet werden, daß das Chi eintreten und sofort wieder entweichen kann, und zum anderen müssen die „geheimen Pfeile" oder die „Giftpfeile" vom Haus abgelenkt werden, damit sie keinen Schaden anrichten können. Für die Feng-Shui-Lehre stellt die Haustür gewissermaßen den „Mund des Hauses" dar, der besonders geschützt werden muß. Als außerordentlich hilfreich hat sich im Feng Shui das Anbringen eines kreisrunden Gegenstandes an der Haustür erwiesen, etwa in Form eines Kranzes. Auch das Anbringen eines Schutz- oder Krafttieres auf dem Dachgiebel gilt als hilfreich. Eine Methode, die sich in den europäischen Alpenländern vielfach beobachten läßt und die nach Feng-Shui-Grundsätzen als äußerst wirksam angesehen wird.

Die Spiegelproblematik

Spiegel gelten im Feng Shui als sehr problema-

tisch. Es gibt Fälle, in denen Hausbewohnern, unter Bezug auf die Prinzipien des Feng Shui, empfohlen wurde, einen Spiegel an der Haustür anzubringen, der direkt auf das Nachbarhaus gerichtet ist. Dies wurde dann als „Abwehrmaßnahme" verstanden. Dies widerspricht jedoch dem „Nicht-schädigen-Prinzip" des Feng Shui. Ein direkter Gegenangriff auf den Nachbarn wird als aggressiver Akt verstanden und widerspricht somit zentral dem Harmoniegedanken des Feng Shui. Es sollte also ein anderer Weg gefunden werden, um negatives Chi aus der Nachbarschaft abzuwehren.
Die zweite problematische Verwendung von Spiegeln betrifft den Innenbereich. Hier gilt es als unglückverheißend, wenn direkt gegenüber der Eingangstür ein Spiegel angebracht ist, da alles Glück, das durch den Eingangsbereich das Haus betritt, dieses sofort wieder verläßt. Zudem gilt es nach dem Feng Shui als gesundheitsschädigend für den Hausherrn, wenn die Eingangstür direkt gespiegelt wird.
Der Rat, den alle Feng-Shui-Experten geben, lautet daher, vor der Anbringung eines Spiegels zuerst einen sachkundigen Fachmann befragen, um unliebsame Überraschungen zu vermeiden.

Die Eingangstür und die Toiletten

Toiletten gelten in Zusammenhang mit der Eingangstür in zwei Fällen als äußerst problematisch. Zum einen gilt es als ausgesprochen unglücklich, wenn eine Toilette direkt über der Haupteingangstür liegt. In diesem Fall könnte sich wirklich ein Unglück über den Hausbewohnern zusammenbrauen. Im zweiten Fall, ähnlich wie bei der Spiegelproblematik, gilt es als sehr schädlich, wenn sich die Haustür direkt auf eine Toilette hin öffnet. Nach der Auffassung des Feng Shui wird das Glück in diesem Fall nicht hinausgespiegelt, sondern geradezu hinuntergespült. Beides kann natürlich nicht als erstrebenswert betrachtet werden!

Störende Gegenstände

Beim Wohnen im Stadtbereich läßt es sich häufig nicht vermeiden, bestimmten störenden Einflüssen durch Laternenmaste, Verkehrsschilder, Werbetafeln, Haltestellenschilder oder Strommaste ausgesetzt zu sein. Das Feng Shui empfiehlt in diesem Fall den Einsatz von Kletterpflanzen, die den gefährdeten Bereich schützen können. Auch die Verwendung von Bergkristallen oder Windspielen kann in diesem Fall eine deutliche Verbesserung der Wohnqualität bringen.

Der Schatten-Faktor

Die meisten Menschen lassen völlig außer acht,

daß Licht Leben ist. Licht ist eine der natürlichsten Formen von Lebensenergie. Eine Erkenntnis, die im Feng Shui in allen Aspekten ihre Anwendung findet.
Das Sonnenlicht gilt als zentraler Träger der Chi-Energie. Deshalb sollte erheblich Sorgfalt darauf verwendet werden, zu prüfen, ob die ungehinderte Sonneneinstrahlung auf Ihr Wohnhaus gewährleistet ist. Ist dies nicht der Fall, wird der Fluß des Chi empfindlich gestört.
Schon immer hat den Menschen der Sonnenaufgang und der Sonnenuntergang mit magischer Faszination erfüllt. In diesen Stunden des Tages wurde er, meist ohne darüber nachzudenken, vom Geheimnis von Licht und Farbe berührt. Diese Stunden sind es daher auch, die in der Problematik des Schattens die entscheidende Rolle spielen, da in diesen Zeiten des Tages die Sonne ihren niedrigsten Stand aufweist und die Schatten daher am längsten sind. Sollten bestimmte Teile des Hauses zu lange im Schatten liegen, kann dies dazu führen, daß bestimmte Energien verlorengehen.
Im Osten und Südosten, die beide vom Holz-Element bestimmt werden, käme es bei zu großer Schattenbelastung darauf an, durch großzügige Verwendung von Holzmaterialien, durch die Hinzufügung von Wasserbereichen in Form von kleinen Springbrunnen oder Aquarien sowie durch Grünpflanzen die fehlende Sonneneinstrahlung auszugleichen.
Im Süden empfiehlt es sich, die Feuer-Energie zu

stärken, was durch den Einbau eines Kamins oder zumindest durch die häufige Verwendung von Kerzen erfolgen könnte. Auch das Aufstellen von spitzen Gegenständen könnte das Feuer-Element verstärken.
Bei Schatten im Südwesten mangelt es an Erde-Energie, die den häuslichen Frieden bedrohen könnte. Hier könnte durch ausgiebigen Einsatz von Topfpflanzen und den Gebrauch von sehr erdigen Farbtönen Abhilfe geschaffen werden.
Bei Schatten im Westen fehlt es dagegen an Metall-Energie, die durch Verwendung entsprechender Gegenstände, wie Metalleuchten oder Metalltöpfe, ersetzt werden könnte.
Es gilt hier jedoch grundsätzlich, den Verwendungsbereich jedes einzelnen Wohnraumes sorgfältig unter Feng-Shui-Gesichtspunkten zu prüfen und erst dann Entscheidungen über Inneneinrichtung, Dekoration, Farbgestaltung und Möblierung zu treffen.

KAPITEL 6

Feng Shui und die Innenausstattung eines Hauses

Die Grundsätze

Der Chi-Strom im Haus

Nur relativ wenige Menschen haben die Möglichkeit, die Wahl ihrer Umgebung oder zumindest die Wahl ihres Hauses völlig eigenständig und vielleicht sogar nach Feng-Shui-Gesichtspunkten zu bestimmen.
Die wirtschaftlichen Zwänge, berufliche Verpflichtungen oder soziale Bindungen legen in den meisten Fällen den Wohnort sowie dessen Umgebung fest. Um so wichtiger wird es daher, den Innenbereich eines Hauses oder einer Wohnung zu beachten und hier die Prinzipien des Feng Shui soweit als möglich zur Anwendung zu bringen.
In den eigenen vier Wänden ist jeder Hausbesitzer oder Mieter frei, die Wahl der Baumaterialien, die Farbgestaltung der Räume und die Möblierung nach eigenen Vorstellungen vorzunehmen.
Wenn im Innenwohnbereich die Feng-Shui-Vorgaben beachtet werden, ist es möglich, eine harmonische und kreative Wohnlandschaft zu errichten, die seinen Bewohnern eine von Streß und Spannungen freie Lebenssphäre bietet. Mit einfachen Mitteln kann der Chi-Strom im Haus so gelenkt werden, daß das häusliche Wohlbefinden nicht beeinträchtigt wird.

Die Grundbausteine

Über die Bedeutung der Raumaufteilung sowie ganz besonders über die Lage der Eingangstür kennt das Feng Shui genaue Grundregeln. Sie müssen beachtet werden, um den generellen Fluß des Chi durch das Haus oder die Wohnung nicht zu beeinträchtigen. Dazu kommen außerdem die Gruppierung der Einrichtungsgegenstände und die Gestaltung der Wände und Wandoberflächen. Wichtig sind in diesem Zusammenhang vor allem die Deckenbalken, da beispielsweise, schwere, frei schwebende Deckenbalken ein außerordentlich negatives Chi von oben her verbreiten. Die von ihnen ausgehenden Kopfschmerzen oder Migräneanfälle hängen dabei nicht damit zusammen, daß man sich an ihnen den Kopf gestoßen hat, sondern gehen von einer feinstofflichen Ebene aus. Das Feng Shui empfiehlt in solchen Fällen meistens, eine leichte Zwischendecke einzuziehen, die die Balken „unsichtbar" machen.
Solche schwerwiegenden Probleme werden häufig aber nicht im Vordergrund stehen. Eher geht es um Fragen der Möbel, der Dekoration oder der aufgehängten Wandgemälde. Hier sollte vielleicht erwähnt werden, daß es nicht die Absicht des Feng Shui ist, Geschmacksvorgaben aufzustellen, etwa über das Muster der Tapete oder die Wahl des Teegeschirrs, sondern grundlegende Gesetzmäßigkeiten aufzuzeigen, deren Beachtung sich als hilfreich erweisen wird. Der indivi-

duellen Wahlfreiheit des eigenen Wohnbereiches soll durch das Feng Shui keinerlei Beschränkung auferlegt werden.
Auch die Zuordnung der Wohnräume mit Hilfe des Bagua-Systems muß nicht sklavisch erfolgen. Wichtiger ist vielmehr das persönliche Wohlbefinden und die harmonische Struktur innerhalb des jeweiligen Raumes.

Alte Möbel – alte Schwingungen

Bei Edelsteinen, besonders wenn sie einen berühmten Namen tragen und ebenso berühmte Besitzer hatten, kennt die Welt die zahllosen Geschichten über Glück und Unglück, das sie den neuen Käufern und Trägern gebracht haben. Es läßt sich der Eindruck nicht von der Hand weisen, daß ihnen eine bestimmte Kraft anhaftet, die auf jeden Träger einwirkt – positiv oder negativ.
Den gleichen Gedanken findet man im Feng Shui. Auch die alten Chinesen erkannten schon, daß alten Gegenständen oder Möbeln eine bestimmte Chi-Energie anhaftet, die in vielen Fällen alles andere als positiv ist. Gerade Antiquitäten, seien es alte Möbelstücke, Geschirr oder Kerzenständer, sammeln über die Jahrzehnte oder Jahrhunderte ein ausgesprochen ungünstiges Chi an, das sich von ihnen aus im ganzen Raum verbreiten kann. Will man sich als neuer Besitzer nicht mit der Geschichte von Generationen herumschla-

gen, so empfiehlt es sich, zu einer raschen Trennung von diesen „Wertgegenstände" zu kommen. Wenn Ihr Herz zu sehr an Großvaters Wanduhr oder Großmutters Kommode hängt, bietet sich auch eine bewährte Feng-Shui-Reinigungsmethode an, die darin besteht, die alten Stücke entweder mit Essig- oder Zitronenwasser abzuwaschen oder mit einer Lösung ätherischen Rosenöls zu behandeln. Beide Vorgehensweisen neutralisieren alte Energien.
Der Westen hat zudem in den letzten zwanzig Jahren wertvolle Erfahrungen mit der Aromatherapie gesammelt, die hier ausgesprochen hilfreich den Feng-Shui-Ansatz ergänzen kann.

Ecken und Kanten

Wie bereits im Außenbereich, weist das Feng Shui auch auf die Problematik von vorspringenden Ecken oder scharfen Kanten im Innenbereich hin. Sie können ein „schneidendes Chi" bewirken und damit einen schädigenden Einfluß auf die Wohnraumharmonie ausüben. Das Feng Shui empfiehlt zur Bekämpfung dieser Schadenszonen drei denkbare Verfahren:

1. Die Abdeckung der „tödlichen Ecke" durch eine Pflanze, die sich ganz um die Problemzone rankt oder sie zumindest völlig verdeckt.
2. Das Anbringen von Bambusstäben, die mit einer roten Schärpe umwickelt sind.

3. Die Verwendung von Glockenspielen, die allerdings eher im Außenbereich gebräuchlich sind.

Yin und Yang im Innenbereich

Als Faustregel im Innenbereich gilt der Satz, daß die Energien von Yin und Yang sich nach der Verwendung des Zimmers richten müssen. Die Yang-Energie darf im Haus durchaus dominieren, vor allem in Zimmern, die stark von Aktivitäten geprägt sind, dafür muß darauf geachtet werden, daß etwa im Schlafzimmer der Yin-Energie genügend Rechnung getragen wird. Soll also ein Raum, der von der Energie her eigentlich vom Yin betont ist, als Arbeitsraum verwendet werden, so empfiehlt sich eine Einrichtung, die verstärkt Yang-Elemente berücksichtigt. Dabei kann sowohl das verwendete Baumaterial als auch die Farbgestaltung von Bedeutung sein.

Die Wahl der Baumaterialien

Die Grundregeln

Die Wahl der Baumaterialien besitzt einen erheblichen Einfluß auf die Energie eines Raumes. Jede weist eine bestimmte Chi-Qualität auf, wobei die „Fünf Elemente" und die „Acht Himmelsrichtungen" zu beachten sind. Grundsätzlich geht man im Feng Shui davon aus, daß glatte Oberflächen, vorrangig Glas oder poliertes Holz, die Chi-Energie beschleunigen. Rauhe oder weiche Oberflächen, wie Rauhfasertapeten oder Pflanzenfasern, verlangsamen dagegen das Chi. Die Ungleichgewichte zwischen den Elementen können Sie dabei dahingehend ausgleichen, daß Sie in einem vom „Holz" dominierten Raum das Wasser-Element stärken. Vorausgesetzt die Gesamtnutzung harmoniert mit dem Mehr an „Wasser" in dem betreffenden Raum.

Das Feng Shui geht davon aus, daß der Einfluß eines Materials in einem Raum entscheidend von der verwendeten Fläche abhängt. Eine Glasfront fällt dabei naturgemäß stärker ins Gewicht als ein Glastisch.

Auch für die Materialwahl stellt das Feng Shui eine einfache Grundregel auf, die schlicht und ergreifend lautet: Verwenden Sie möglichst natürliche Materialien! Kunststoffe oder synthetische Baumaterialien verlangsamen oder blockieren die Chi-Energie.

Holz

Holz gilt hinsichtlich der Chi-Energien als weitgehend neutral und befördert zusätzlich ein entspanntes Wohnbefinden in Räumen, die vorran-

gig aus diesem Material gestaltet wurden. Im Einzelfall gilt es natürlich darauf zu achten, auf welche Weise das Holz bearbeitet wurde. Weiche Holzbaustoffe verlangsamen den Chi-Fluß, während Harthölzer ihn beschleunigen.
Von den acht Himmelsrichtungen her gesehen, empfiehlt sich die Verwendung von Holz im Norden, wo es beruhigend auf die Wasser-Energie einwirkt. Im Osten und Südosten befördert es Wachstum, Kreativität und Neuanfänge.

Stein

Grundsätzlich wird dem Stein im Feng Shui eine ausgeprägte Yang-Energie zugesprochen. Allerdings muß auch hier auf die Bearbeitung geachtet werden. Natursteinflächen bewirken durch ihre unruhige Oberfläche eher eine Zerstreuung des Chi, während polierte Steine, wie etwa Marmorböden, das Chi beschleunigen und dadurch die Energie im Raum anregen. Ein dunkles Badezimmer kann durch Marmorfliesen daher ausgesprochen positiv beeinflußt werden, während es im Schlafzimmer genau den gegenteiligen Effekt auslösen würde.

Glas

Auch dem Glas werden vorrangig Yang-Eigenschaften zugesprochen, was durch die sehr glatte Oberfläche und die Sonnendurchlässigkeit bedingt ist. Glas gilt als ausgesprochener „Chi-Beschleuniger" und sollte daher nur mit Bedacht verwendet werden. Vitalität und Kreativität könnten durch die Materialien entscheidend verstärkt, im Falle einer falschen Verwendung überbetont werden. Um dieser Gefahr entgegenzuwirken, bietet sich eine Kombination mit Holz oder Pflanzenfasern an, die harmonisierend und ausgleichend wirken.

Stoffe und Textilien

Stoffe sowie alle Arten von Textilien wirken verlangsamend auf den Chi-Strom. In den Innenbereichen bietet sich daher eine Verwendung im Wohn- und Schlafbereich an. Sollten Sie in Ihrem Haus oder Ihrer Wohnung eine „meditative Ecke" eingerichtet haben, so wäre für diese die Auskleidung mit Stoffen durchaus wünschenswert. Allerdings sollte mit schweren Stoffen nicht übertrieben umgegangen werden, da sie sonst zu einer völligen Ermüdung und Abtötung jeglicher Aktivität beitragen könnten.

Metall

Metall gilt als Repräsentant des Yang. Ihm wird die Eigenschaft zugesprochen, das Chi deutlich beschleunigen zu können. Im Regelfall wird es sich im Innenbereich in geringer Dosierung vorfinden (Bestecke, Geschirr usw.) und so zu keinem Ungleichgewicht führen. In Räumen, die unter einem starken Yin-Übergewicht leiden, empfiehlt sich die gezielte Anwendung von Metallgegenständen, etwa in Form von Ständern oder kleinen Schränken.

Licht und Farben

Licht und Farben, darin sind sich alle Fachleute einig, spielen eine entscheidende Rolle in Hinsicht auf die Lebensqualität in Wohn- und Arbeitsräumen. Es gibt inzwischen zahllose Experimente, die überzeugend belegen, wie stark sich die Einstellung, die Stimmung oder das Empfinden der Menschen in einem Raum verändern können, wenn etwa seine Wände mit einer anderen Farbe gestrichen werden. Das kann sogar soweit gehen, daß die sich in einem Raum länger aufhaltenden Personen angaben, die Temperatur sei um einige Grade abgesenkt worden, als der Raum in blauer Farbe angestrichen worden war.

Das Feng Shui kennt verschiedene Zuordnungen von Farben zu den Himmelsrichtungen, die bereits im einzelnen dargelegt wurden: Pastellweiß für den Norden, Weiß für den Nordosten, Grün für den Osten, Dunkelgrün und Blau für den Südosten, Purpur für den Süden, Schwarz für den Südwesten, Rot für den Westen, Mittelgrau für den Nordwesten und Gelb für die Mitte. Im Innenbereich führt das zu folgenden Gestaltungsvorschlägen.

Pastellweiss

Die Farbe der stillen, verborgen wirkenden Kräfte des Nordens. Eine Farbe, die inneres Wachstum, Kreativität und Spiritualität unterstützt. Bevorzugt sollte sie im Schlafbereich oder im Meditationszimmer verwendet werden.

Weiss

Weiß empfiehlt sich als Farbe für das Arbeitszimmer, da es die Motivation und die Einsatzfreudigkeit verstärkt. Auch im Kinderzimmer kann die Farbe verwendet werden, da es nach dem System des Feng Shui für den jüngsten Sohn steht, der dem Nordosten zugeordnet ist.

Grün

Vitalität und Selbstbewußtsein wird durch ein kräftiges Grün gefördert. Eine Verwendung im Arbeitsbereich bietet sich daher ebenso an wie ein Einsatz im Wohnzimmer.

Dunkelgrün und Blau

Beide Farben stehen als Repräsentanten für den Südosten. Grundsätzlich weist das Dunkelgrün ähnlich vitalisierende und belebende Eigenschaften wie das Grün auf, entfaltet seine Kraft aber in etwas milderer Form. Ähnliches gilt auch für das Blau.

Purpur

Dem Purpur wird die Eigenschaft zugesprochen, die Geselligkeit anzuregen und zu fördern. Für Menschen, die gerne Gäste und Freunde um sich haben, wäre es die ideale Wahl für das Wohnzimmer!

Schwarz

Im Feng Shui steht die Farbe Schwarz für ein harmonisches Familienleben. Dem steht im Westen jedoch die Verknüpfung mit Tod, Beerdigung und Trauer gegenüber, so daß nur wenige Menschen dazu neigen, ihren Wohnbereich weiträumig in schwarzen Tönen zu gestalten.

Rot

Rot gilt als Farbe mit den stärksten Yang-Eigenschaften. Überall dort, wo also ein Übergewicht des Yin vorherrscht, bietet sich der Einsatz des roten Farbtones zur Belebung an. Er kann im Wohnzimmer Verwendung finden, aber auch zur Anregung romantischer Gefühle im Schlafzimmer.

Mittelgrau

Eine Farbe, der nicht gerade Vitalität und Lebensfreude zugeordnet wird, was auch schon die gesellschaftliche Verwendung zeigt. Grau wird mit Strenge und Autorität verbunden und bei öffentlichen Anlässen oder zu feierlichen Zeremonien empfohlen. Im Wohnbereich spielt es eher eine unbedeutende Rolle.

Gelb

Gelb sowie alle kräftigen Erdtöne passen gut zum Küchenbereich, eignen sich aber im Prinzip auch für alle anderen Himmelsrichtungen. Am wenigsten ist die Verwendung im Schlaf- oder Badezimmer zu empfehlen.

Möbel und Lampen

Möbel haben eine Geschichte

Grundsätzlich empfiehlt das Feng Shui die Verwendung von neuen Möbeln, die energetisch neutral sind. Abzuraten ist die Verwendung von Möbeln unbekannter Herkunft, seien sie aus dem noblen Antiquitätenladen oder vom Sperrmüll. Man kennt die „Geschichte der Möbel" nicht und weiß daher nicht, welche Energie man sich ins Haus holt. Ganz besonders gilt diese Warnung für Liegemöbel, also Betten und Sofas.

Weniger ist oft mehr

Das Feng Shui empfiehlt eher eine sparsame als eine üppige Möblierung. Dies hängt damit zusammen, daß sich an einem nicht oder nur selten genutzten Möbelstück schlechte Energie sammelt, die die Harmonie eines Raumes beeinträchtigen kann.
Sinnvoll ist auch die harmonische Kombination von Yin- und Yang-Möbeln. Dominiert in einem Raum beispielsweise eine zu schwerfällige Yin-Energie, so könnte dem durch das Aufstellen eines fetzigen Glastisches Einhalt geboten werden.

Es werde Licht

Licht ist Energie. Wird also das Chi in einem Raum blockiert, könnte durch die zusätzliche Verwendung einer Lampe oder Leuchte das stagnierende Chi angeregt werden.
Das Aufstellen der Lampen sollte jedoch mit Bedacht erfolgen. Das Feng Shui rät beispielsweise davon ab, im Schlafzimmer ein Licht von oben auf das Bett fallen zu lassen. Dies gilt als ausgesprochen gesundheitsgefährdend. Statt dessen wird empfohlen, Schlafzimmerlampen neben dem Bett zu plazieren.

Verschiedene Lampenformen

Von den verschiedenen modernen Beleuchtungsarten bevorzugt Feng Shui am ehesten die klassische Glühbirne oder die gezielt strahlende Halogenleuchte. Leuchtstoffröhren oder Energiesparlampen werden dagegen aus Gründen der erhöhten elektrischen Strahlung eher abgelehnt, da diese nachteilig auf ein gutes Feng Shui wirkt.

KAPITEL 7

Die Zimmereinrichtung

Die Grundprinzipien

Um das Energiegleichgewicht im Inneren Ihrer Wohnung oder Ihres Hauses zu bestimmen, müssen Sie einen imaginären Mittelpunkt festlegen, von dem aus Sie vorgehen. Die Chi-Energie der Wohnräume wird geprägt von den Einflüssen, die die jeweiligen Himmelsrichtungen auf den Energiestrom ausüben. Vor einer Bestimmung des Chi müssen Sie also klare Vorstellungen besitzen, in welcher Form Sie den jeweiligen Raum nutzen wollen.

Wenn diese Entscheidung getroffen worden ist, können Sie mittels der Polarität von Yin und Yang den Schwerpunkt in der Ausgestaltung der Räume ermitteln. Das Feng Shui empfiehlt, auf der Yin-Seite mit dem Schlafzimmer zu beginnen und auf der Yang-Seite mit dem Arbeitszimmer aufzuhören.

Damit ist auch eine Orientierung bezüglich der Himmelsrichtungen vorgegeben, da Yin mit dem Norden und Yang mit dem Süden verbunden ist. Ideal wäre es natürlich, wenn Sie die Raumaufteilung eines Hauses oder einer Wohnung vor dem Bezug mit dem Architekten absprechen könnten, damit die Einteilung bereits nach den Prinzipien des Feng Shui vorgenommen werden kann.

Sollte dies nicht möglich sein, bietet das System des Feng Shui Ihnen jedoch genug Möglichkeiten, um die nicht ideale Ausrichtung bestimmter Räume (Badezimmer nach Norden oder Wohn-

zimmer nach Süden) durch Umgestaltung der Inneneinrichtung auszugleichen.
Wenn Sie mit dem Kompaß arbeiten, sollten Sie unbedingt beachten, daß beim chinesischen Feng Shui Norden und Süden sowie Osten und Westen vertauscht sind.

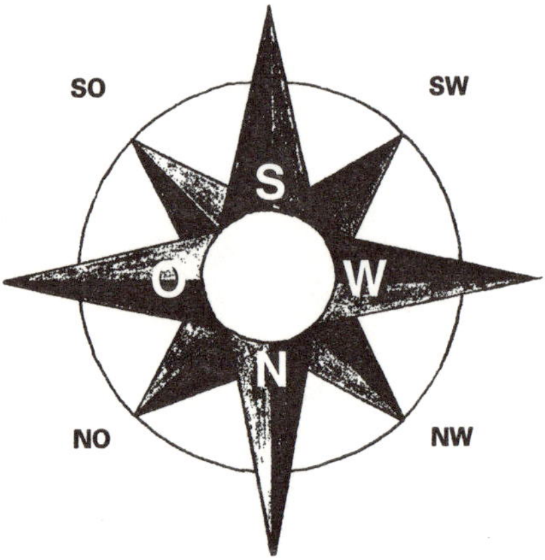

Die Küche

In der chinesischen Tradition wird das Essen und der Bereich der Küche mit besonderer Sorgfalt beachtet. In China gibt es den Ausdruck vom „postnatalen Chi", was zum Ausdruck bringen soll, daß das Essen nach der Geburt für die Versorgung mit universeller Lebenskraft zuständig ist. Aus diesem Grund wird es nachvollziehbar, daß die Küche als der „sensibelste" Raum des Hauses oder der Wohnung gilt. Wenn die Ener-

gie in der Küche gestört ist, wird damit die gesamte Lebensenergie der Bewohner beeinträchtigt. Alle Familienmitglieder, Mitbewohner oder Gäste werden dann durch die schädigende Energie, die in der Küche ihren Ursprung nimmt und durch das Essen weitergereicht wird, negativ beeinflußt.
Um solche Schädigungen zu vermeiden, gab es in früheren Zeiten nicht selten einen kleinen „Küchenaltar", auf dem dem „Küchengott" Verehrung gezollt wurde. Der Küchengott wachte über die positive Qualität der Nahrungsmittel und beschützte die in der Küche arbeitenden Menschen vor Unglücken oder Verletzungen. Dies ist auch deshalb von besonderer Bedeutung, weil in der Küche zwei gegensätzliche Energien aufeinandertreffen – das Feuer zum Kochen und das Wasser zum Waschen oder als Mittel zum Kochen.

Aufgrund der starken Prägung durch Feuer und Wasser kommen für den Küchenbereich eigentlich nur zwei Himmelsrichtungen in Frage – der Osten und der Südosten. Zusätzlich sollten Sie darauf achten, daß die Küche sich nicht direkt gegenüber der Eingangstür befindet, da sie in diesem Fall möglichen eindringenden negativen Energien ausgesetzt wäre. Gleichermaßen wäre es nicht wünschenswert, die manchmal sehr intensiven Ausdünstungen des Kochprozesses noch im Wohn- oder Schlafzimmer riechen zu müssen.

In der modernen Küche herrscht in der Regel das Prinzip der „kurzen Wege“, das heißt, alle Küchengeräte sollten möglichst nahe beieinander liegen. Im Feng Shui wird diese Auffassung nicht geteilt, vor allem deswegen nicht, da natürlich auch die Küchengeräte dem Feuer- bzw. dem Wasser-Element zugeordnet werden. Von daher ist es in gar keiner Weise empfehlenswert, den Kochherd direkt neben der Spüle oder der Geschirrspülmaschine aufzustellen. Zu bevorzugen wäre vielmehr eine Plazierung an gegenüberliegenden Wänden, oder zumindest sollte der Trennbereich zwischen Feuer und Wasser anderthalb Meter betragen. Dies ist selbst in relativ kleinen Küchen durch geringe Umbauten durchführbar.

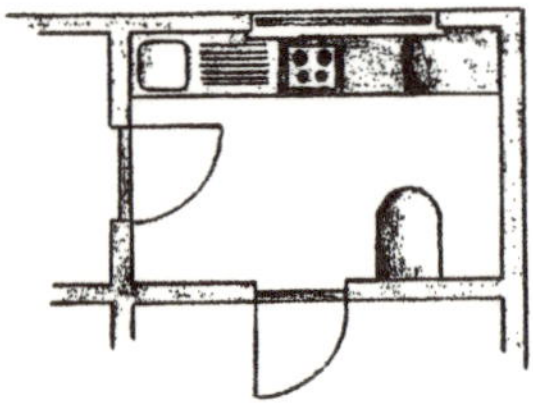

vorher

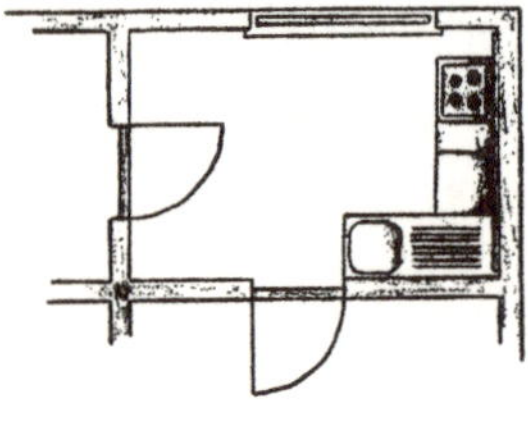

nachher

Das Feng Shui empfiehlt für die Herstellung des Essens eine möglichst natürliche Hitze. Die Verwendung eines mit natürlichen Materialien (Holz oder Kohle) betriebenen Kochherdes wäre daher ideal. Der ist aber heute praktisch nur noch in Wochenendhäusern oder Berghütten vorhanden. Daher wäre die zweitbeste Lösung ein Gasherd. Die Verwendung von Elektroherden und vor allem von Mikrowellenherden sieht das Feng Shui als nicht wünschenswert an. Die von diesen Geräten ausströmende Chi-Energie beeinflußt die Energie im Küchenbereich negativ.
Der Herdbereich sollte zudem gut ausgeleuchtet sein und nicht direkt eine Tür hinter sich aufweisen, da er in diesem Falle als „ungeschützt" gilt.

Helle Farben, wie Weiß oder Gelb, sind empfehlenswerte Farbtöne für die Küche, während Blau eher als ungeeignet gilt. Die Verwendung von Holztischen oder Holzschränken wäre in der Küche vorzuziehen, da es den beschriebenen Konflikt zwischen Wasser und Feuer abmildert.

Das Schlafzimmer

Das Schlafzimmer ist der Ort, an dem der Mensch die längste Zeit seines Lebens verbringt. Kein anderer Raum wird länger benutzt, selbst wenn die Schlafenszeit geringer als die üblichen acht Stunden beträgt.
Das Schlafzimmer ist der Raum für Erholung und

Regeneration sowie für Intimität und Nähe. Beide Bereiche sind von außerordentlicher Bedeutung für das menschliche Wohlbefinden. Es sollte daher sorgsam darauf geachtet werden, in welchem Raum einer Wohnung oder eines Hauses diese Bereiche ideal untergebracht werden können. Da das Schlafzimmer der Raum mit dem höchsten Yin-Anteil ist, sollte es möglichst weit entfernt von den Arbeitsräumen liegen. Eine Nachbarschaft zur Eingangstür, zum Arbeitszimmer oder gar zum Hobbyraum bzw. zur Werkstatt sollte möglichst vermieden werden. Auch die Wahl der Tür spielt eine wichtige Rolle, um den Schlafraum als Privatsphäre geschützt zu halten. Manche Chinesen pflegen zu sagen: „Keine Tür, kein Raum!“ Wenn das Schlafzimmer durchgängig ist oder direkt hinter zwei anderen Türen liegt, kann das schädliche Auswirkungen auf den Chi-Fluß haben.

Das zentrale Möbelstück des Schlafzimmers ist das Bett. Für dieses gilt als Grundregel des Feng Shui, daß es immer an einer Wandseite stehen sollte. Hinter dem Kopfende sollte sich eine abgeschlossene Schutzfläche befinden, die das nächtliche Bedürfnis nach Sicherheit zu erfüllen vermag. Begrüßenswert wäre es, wenn die Tür dann genau im Blickfeld läge, also gegenüber dem Kopfende des Bettes, allerdings mit möglichst großem Abstand. Die Kleiderschränke sollten dann möglichst an der linken Bettseite angebracht werden, die Nachttische oder kleine

Kommoden dagegen an der rechten. Wenig wünschenswert wäre es, das Bett zwischen Tür und Fenster zu plazieren, da es sich in diesem Falle mitten im Chi-Fluß befände. Unter diesen Umständen sollte es nicht verwundern, wenn Sie jeden Morgen wie zerschlagen aus den Federn kriechen. Auch direkt unter einem schweren Balken sowie gegenüber einem Spiegel sollte das Bett möglichst nicht aufgestellt werden. Weitere ungünstige Orte für die Plazierung eines Bettes wäre eine Wand, die direkt an die Toilette grenzt, direkt unter einem Fenster oder gegenüber einer vorspringenden Ecke.

Eine besondere Eigenart des Schlafzimmerbereiches kann, nach den Prinzipien des Feng Shui, darin bestehen, daß man kleine Glückssymbole in einem bestimmten Bereich anbringt. Nach den Himmelsrichtungen ausgewählt, sollte der spezielle Sektor für das Liebesglück im Südwesten liegen. Die chinesische Überlieferung kennt viele verschiedene Glücksbringer, wobei die doppelten Fische ganz besonders beliebt sind. Hier sollte aber verstärkt die kreative Phantasie der Beteiligten eine Rolle spielen, die ihren Schlaf- und Liebesbereich mit jenen Dingen ausstatten können, die für ihre Beziehung bedeutsam sind.

Das Wohnzimmer

Das Wohnzimmer ist der Bereich, in dem sich das

Familienleben abspielt. Es sollte von Gemütlichkeit und Harmonie bestimmt sein, um ein glükkliches und ausgeglichenes Familienleben zu gewährleisten. Das Wohnzimmer ist außerdem jener Bereich, in dem Gäste empfangen werden, und somit eine Art Visitenkarte der Bewohner. Die Aktivitäten des Wohnzimmers werden in der Regel von fünf Grundaktivitäten bestimmt – Gespräche, Spiele, Lesen, Musik oder Fernsehen. Für diese doch recht unterschiedlichen Tätigkeiten muß das Wohnzimmer Raum bieten, weshalb sich empfiehlt, es nicht mit Möbeln zu überlasten. Während im Schlafzimmer das Bett als zentraler Mittelpunkt gilt, übernimmt im Wohnzimmer das Sofa diese Rolle. Nach den Lehren des Feng Shui sind Sofas mit hohen Lehnen und hohen Rückenpolstern jenen mit kurzen Lehnen und flachen Rückenpolstern vorzuziehen. Der ideale Platz für das Sofa im Wohnzimmer wäre entfernt von Tür und Fenstern, eventuell in einer Ecke. In allen anderen Fällen könnte es den Chi-Strom im Wohnzimmer eher behindern. Als Himmelsrichtung empfiehlt das Feng Shui für das Wohnzimmer den Süden.

Für den Einbau eines Kamins wiederum wäre der Süden gerade die verkehrte Richtung. Durch einen im Süden errichteten Kamin treffen die aus dieser Himmelsrichtung kommenden Feuer-Energien mit dem offenen Kaminfeuer zusammen, was eine ausgesprochen unheilvolle Verbindung ergeben würde. Der Nordosten wäre daher für den Kamin ein weitaus besser gewählter Platz. Grundsätzlich empfiehlt das Feng Shui für Kamine, diese nach dem Einbau auch regelmäßig zu nutzen. Ein unbenutzter Kamin gleicht einem schwarzen Energieloch, durch das sich das Chi verflüchtigen kann.

Bei der Farbgestaltung des Wohnzimmers sollte auf ein ausgewogenes Verhältnis von Yin- und Yang-Tönen geachtet werden, was sich durch eine Verbindung von hellen und dunklen sowie grellen und gedeckten Farbtönen ausdrücken sollte. Die Wahl des Teppichs oder der Wandvorhänge sollte sorgsam überlegt sein, denn je schwerer diese ausfallen, desto stärker verlangsamen sie das Chi. Dies kann einerseits erwünscht sein, andererseits aber auch nachteilige Wirkungen zeitigen.
Das Wohnzimmer ist der Bereich, in dem durch verschiedene Feng-Shui-Anwendungen die Chi-Energie sehr flexibel geregelt werden kann, was sich anbietet, wenn das Wohnzimmer sehr aktiv und mit unterschiedlichen Angeboten genutzt wird. In jedem Fall aber sollte darauf geachtet werden, daß das Wohnzimmer ein heller und harmonischer Raum bleibt.

Das Kinderzimmer

Das Kinderzimmer hat in der Regel zwei Funktionen zu erfüllen. Zum einen ist es der Spiel-

und Aufenthaltsbereich für die Kinder, zum anderen auch der Schlafbereich. Das bedeutet für das Feng Shui, einerseits die Yang-Energie für die spielerischen Aktivitäten zur Verfügung zu stellen, andererseits aber auch die Yin-Kräfte zu aktivieren, um einen ruhigen und ungestörten Nachtschlaf der Kleinen zu ermöglichen.
Weiterhin muß im Kinderzimmer die Möglichkeit bestehen, den unterschiedlichen Entwicklungsphasen des Kindes Rechnung zu tragen. Ein Kleinkind benötigt eine andere Umgebung als ein Schulkind, und später, in der Pubertät, muß es den Ansprüchen eines jungen Heranwachsenden genügen.

Nach den Prinzipien des Feng Shui liegt im Osten die Energie von Aufbruch und Wachstum, die naturgemäß als besonders förderlich für die Kinder angesehen wird. Die aufgehende Sonnenenergie im Osten schenkt den Kids Lebensfreude und Vitalität für den Tag. Sollten Sie mit einem überaktiven Kind gesegnet sein, wäre es vielleicht zu überlegen, ob ein kurzzeitiger Aufenthalt in einem im Westen gelegenen Zimmer vorzuziehen wäre. Vor allem für ruhige Nächte könnte sich diese Wahl als nützlich erweisen. Ein eher schüchternes oder ängstliches Kind sollte dagegen auf keinen Fall in einem im Westen liegenden Kinderzimmer untergebracht werden, da es seine Zurückhaltung und die introvertierte Note noch entscheidend verstärken würde. In den Nuancen läßt sich die Yang-Energie des

Ostens durch kleine Maßnahmen verstärken oder verringern.

Förderlich auf das Yang wirken helle Blau- oder Grüntöne sowie einfarbige Tapeten oder Bettbezüge. Holz- oder Korkmaterialien wären ebenso empfehlenswert wie Fenster ohne Vorhänge. Die Beleuchtung sollte dazu eher indirekt sein.
Reduzierend auf die Yang-Energie wirken Pastelltöne. Auch eine Verstärkung der Feuer-Energie könnte hier ausgleichend wirken, etwa durch spitze Muster auf Tapeten. Stoff wäre ebenfalls ein empfehlenswertes Material, etwa in der Form von Wandbehängen.

Auch für das Kinderzimmer gilt, das Bett so weit wie möglich vom Tür- und Fensterbereich entfernt zu plazieren. Dabei sollte aber darauf geachtet werden, daß in den Spielbereich nicht eingegriffen wird und, falls zwei Kinder sich ein Zimmer teilen, der „private" Bereich des jeweiligen Kindes unangetastet bleibt. Vorrangig ist jedoch, daß auch im Kinderzimmer der Chi-Strom ungehindert zu fließen vermag, weshalb darauf geachtet werden sollte, daß sich nicht Berge von Spielsachen in der Mitte des Zimmers auftürmen, die diesen Fluß abbremsen könnten.

Bei größeren Kindern ist es wichtig, den Arbeitsplatz, meistens in Form eines Kinderschreibtisches, möglichst optimal zu plazieren. Ein Platz direkt vor dem Fenster oder mit dem Rücken zur

Tür wäre hier besonders ungeeignet. Weitaus besser wäre es für Ihr Kind, mit dem Rücken zur Wand zu sitzen, an einem hellen Arbeitsplatz und mit einem guten Blick auf den gesamten Raum. Die mittlerweile schier unverzichtbar gewordenen Computer und Fernseher sollten dem Kinderzimmer so lange wie nur irgend möglich ferngehalten werden, es sei denn, der häusliche Frieden würde durch einen derartigen „Zwangsverzicht" erheblich beeinträchtigt.

Das Badezimmer

Das Badezimmer gilt im Feng Shui als ganz besonderer Problembereich. Vor allem die in der zweiten Hälfte des 20. Jahrhunderts gebauten Badezimmer, die häufig relativ klein und in vielen Fällen fensterlos gebaut wurden, gelten als Musterbeispiele für schlechtes Feng Shui. Das Badezimmer sollte als wichtiger Lebensraum betrachtet werden und daher geräumig und hell konstruiert werden. Das schlechte Chi, das sich durch Schmutzwasser oder Abfallstoffe bilden kann, vermag durch das Fenster die Wohnbereiche zu verlassen und durch belebendes Sonnenlicht ersetzt zu werden.

Die neuerdings vielfach vorzufindende Kombination von Schlafzimmer und Badezimmer gilt, nach den Prinzipien des Feng Shui, als äußerst schädliche Kombination. Schon das direkt ans

Schlafzimmer angrenzende Badezimmer gilt nicht als ideale Wahl. In jedem Falle sollte dann immer darauf geachtet werden, daß die Türen verschlossen gehalten werden. Gleiches gilt auch für den Toilettendeckel.

Der zu bevorzugende Ort für die Plazierung des Badezimmers wäre der Osten oder der Südosten, wenn möglich sehr weit vom Eingangsbereich entfernt. Um den Chi-Strom am Problembereich Badezimmer vorbeizusteuern, könnte ein Spiegel an der Tür angebracht werden. Verfügt Ihr Badezimmer über kein Fenster, sollten Sie die Lichtquellen so verstärken, daß es hell ausgeleuchtet ist. Auch glatte und glänzende Oberflächen auf der Badezimmereinrichtung wären wünschenswert, nicht allein wegen der Sauberkeit, sondern auch deshalb, weil diese das Chi in einem extrem vom Yin bestimmten Raum beleben würden.
Da das Badezimmer als der problematischste Raum des Hauses und als ausgesprochene „Chi-Falle" gilt, sollten Sie alles vermeiden, was dieses Problem noch verstärken könnte.

KAPITEL 8

Feng Shui im Garten

Die Grundsätze

Ein Garten gilt im Feng Shui als ein besonderer, als ein zu schützender Ort. Der Garten ist nicht nur ein zu vernachlässigendes Anhängsel zum Haus, sondern ein eigenständiger Bereich, der Achtung, Respekt und Sorgfalt verdient. Da kein Garten wie der andere ist, gilt es, den vielen Eigenheiten in der Gartengestaltung nach den Prinzipien des Feng Shui Rechnung zu tragen. Dabei kann der glückliche Gartenbesitzer sogar auf europäische Traditionen zurückgreifen, denn auch die „alte Welt" verfügt über ein in Jahrhunderten gewachsenes Wissen um die Anlage eines Garten- oder Parkgeländes.

Die oberste Grundregel bei der Gartengestaltung muß lauten: Der freie Fluß des Chi darf nicht gehindert werden. Vor diesem Gesichtspunkt werden sich relativ schnell grundlegende Unterschiede in der europäischen Gartenbauplanung und dem Garten nach Feng-Shui-Prinzipien zeigen. Sind in Europa eher sehr geometrische, strukturelle Formen dominierend, so legt das Feng Shui eher auf harmonische, schwingende, gewachsene Anordnungen wert. Eine Gartengestaltung, die eher künstlich bestimmt ist, widerspräche dem Ansatz des Feng Shui, im Garten natürlich vorhandene Eigenheiten zum Zuge kommen zu lassen.

Die äussere Form

Der deutsche Einfamilienhausgarten neigt zum Rechtwinkeligen. Sowohl die äußere Form als auch die Beete weisen weitgehend diese Gestaltung auf. Dem Feng Shui würde dies eher nicht entgegenkommen, weshalb es versucht, dieser starren Anordnung durch kleine Umgestaltungsmaßnahmen seine Schärfe zu nehmen. Zum einen gilt es, den möglichen Gesamtraum nicht völlig auszunutzen und die eigentliche Gartenbebauung eher nach runden oder geschwungenen Formen vorzunehmen. Ein weiteres Prinzip des Feng-Shui-Gartens ist es, den Zentralbereich völlig frei zu lassen, damit die Chi-Energie hier ungestört fließen kann.
Wenn Ihr Garten weitläufig genug ist, um einige Wege aufzuweisen, so sollten diese nicht gerade, sondern geschwungen angelegt werden. Das Chi bevorzugt es, auf Schlangenwegen durch den Garten zu streifen.

Die innere Bebauung

Bäume zählen zu den ganz machtvollen Kraftspendern. Sie sollten daher, sofern es der Raum ermöglicht, einen entscheidenden Teil des Gartens ausmachen. Zu beachten bliebe dabei allerdings, daß die Bäume nicht zu nahe beim Haus stehen. Als besonders vorteilhaft gilt es im Feng Shui, wenn sie an dem Ende des Gartens

gepflanzt würden, das am weitesten vom Haus entfernt ist.
Eine besondere Note weist der Garten auf, wenn er von einem kleinen Wasserlauf durchzogen ist oder über einen kleinen Teich verfügt. Fließendes Wasser ist einer der wichtigsten Energieträger, was ja schon im Wort Shui (Wasser) zum Ausdruck kommt. Das Feng Shui empfiehlt, es immer im Bereich vor dem Haus, niemals dahinter zu plazieren. Selbst ein kleiner Springbrunnen oder ein winziger Goldfischteich stellt nach dem Feng Shui eine erhebliche Bereicherung des Gartens dar. Wichtig ist dabei, daß sich das Wasser in Bewegung befindet, da ein stilles oder stehendes Gewässer schlechtes Chi in sich aufsaugt, was dem gesamten Gelände Schaden zufügen könnte.

Schutzmassnahmen

Wie grundsätzlich für das Haus, so gilt auch für den Garten, daß er auf keinen Fall ungeschützt bleiben sollte. Können die Bäume diese Funktion nicht übernehmen, so sollte Buschwerk gepflanzt oder zumindest eine höhere Hecke aufgezogen werden. Wenn dem Garten durch äußere Einflüsse „geheime Pfeile“ drohen, so sollte von dieser Seite der Schutz verstärkt werden. Zumindest ein Holzgestell, an dem sich wilder Wein oder Efeu emporranken könnte, sollte in jedem Garten zu errichten sein.

Im umgekehrten Fall mag eine hohe Mauer einen zu hohen Yang-Anteil errichten, der dann durch Begrünung oder Bepflanzung ausgeglichen werden könnte.
Ein erfahrener Feng-Shui-Praktiker wird niemals versäumen, darauf hinzuweisen, daß selbst die vollkommenste Berücksichtigung der Prinzipien im Haus wirkungslos verpuffen muß, wenn das Feng Shui in der unmittelbaren Umgebung, in diesem Fall im eigenen Garten, leichtfertig vernachlässigt wird. Die Auswirkungen könnten überaus schädlich sein. Der Garten muß also immer als entscheidender Teil der unmittelbaren Lebenswelt betrachtet und geachtet werden.

KAPITEL 9

Feng Shui im täglichen Leben

Feng Shui in der Partnerschaft

Die Lehren des Feng Shui nur auf den Bereich von Gebäuden und deren Einrichtung sowie ihr Umfeld zu konzentrieren, würde einen erheblichen Aspekt der Gesamtphilosophie unberücksichtigt lassen. Fast alle Felder des menschlichen Lebens werden mehr oder weniger stark von den Prinzipien des Feng Shui berührt.
Eine Beziehung, die über längere Zeit mit großen Schwierigkeiten zu kämpfen hat, dürfte in der Wohnung oder im Haus der betroffenen Personen ein erhebliches Mißverhältnis zwischen Yin und Yang sowie im Fluß des Chi im Südwesten aufweisen. Solange beide Partner diesen Bereich immer wieder vernachlässigen, wird es zu Spannungen kommen. Anscheinend liegen diese in den unterschiedlichen Temperamenten, in den verschiedenen Charakteren oder in der Erziehungsproblematik oder in tausend anderen Aspekten begründet. Erstaunlicherweise führt jedoch häufig schon eine bewußtere Umgehensweise mit dem Südwesten, dem Schlafzimmer oder der Stellung des gemeinsamen Bettes dazu, daß sich eine Beziehung deutlich verbessert, obwohl doch die „Temperamente" oder „Charaktere" die gleichen geblieben sind.

Feng Shui im eigenen Büro

Erfolgreiche Mitarbeiter einer großen Firma

beschließen, die Zeit sei gekommen, um sich selbständig zu machen. Sie bringen alle Kriterien mit, um erfolgreich zu sein – das erforderliche Know-how, Eigenkapital, Kreativität und Arbeitseinsatz. Trotzdem gelingt es der neuen Firma nicht, aus den roten Zahlen zu kommen. Erfolgversprechende Abschlüsse scheitern häufig im letzten Augenblick, kurz vor der entscheidenden Unterschrift. Erst als Feng-Shui-Berater feststellen, daß die Bürogestaltung sämtlichen Grundsätzen des Feng Shui widerspricht, und eine komplette Umgestaltung vornehmen, beginnt die Firma über Nacht zu florieren. Der blockierte Chi-Fluß führte dazu, daß Kunden, die eigentlich von einer erfolgreichen Zusammenarbeit aufgrund der Vorgespräche überzeugt waren, bei der Unterschrift im Büro von den schlechten Chi-Energien so abgeschreckt wurden, daß sie von einer Unterzeichnung im letzten Augenblick Abstand nahmen, obwohl dafür keine rationalen Gründe vorlagen.

Feng Shui und ein langes Leben

Die alten Weisen Asiens wußten immer um die Geheimnisse, das Leben zu verlängern und es in Glück und Harmonie zu verbringen. Vor allem sahen sie die Notwendigkeit, einen gewissen Teil des Tages der Stille, der inneren Einkehr zu widmen. Selbst wenn es nur wenige Minuten am Morgen oder am Abend sind, so können diese

doch erheblich zur inneren Ausgeglichenheit und zum seelischen Wohlbefinden beitragen.
Neben diesen inneren Aspekten gilt es natürlich, auch alle schädlichen äußeren Einflüsse zu beseitigen. Wer in unmittelbarer Nachbarschaft eines Friedhofes oder einer Unfallklinik wohnt, muß einfach wissen, daß er einer starken Yin-Ausstrahlung ausgesetzt ist. Da das Geheimnis eines gesunden Wohnbereiches jedoch in einer kräftigen Yang-Energie besteht, muß er alles tun, um dieses Defizit auszugleichen. Dabei kann das Spektrum von der Verwendung kräftiger Farben bis hin zu Rock- oder Pop-Musik reichen. Hier liegt die praktische Empfehlung des Feng Shui nicht in der starren Vorgabe bestimmter Methoden, sondern in dem Hinweis kreativer Nutzung seiner Prinzipien.

Feng Shui und der gesunde Menschenverstand

Jedes System, sei es noch so alt und bewährt, wird sich selbst überleben, wenn es nicht weiterentwickelt wird. Dies gilt selbstverständlich auch für das Feng Shui. Die chinesische Lebenswelt läßt sich nicht mit jener in New York oder Hamburg vergleichen, und die moderne Industriegesellschaft weist keinerlei Ähnlichkeit mehr mit der dörflichen Kultur der Ming-Dynastie auf. Trotzdem bleiben bestimmte Erkenntnisse von zeitloser Gültigkeit. Entscheidend bleibt allein die Frage der kreativen Anwendung. Wenn der westlich geprägte Mensch des 21. Jahrhunderts die Weisheit Asiens wach, kritisch und bewußt überprüft und das von ihr erlernt und übernimmt, was auch in seiner Lebenswelt hilfreich und von Bedeutung ist, dann wird Feng Shui auch weiterhin bedeutsam für die westlichen Zivilisationen bleiben.

Ein Feng Shui, das aus Büchern übernommen wird, ohne es lebendig auszugestalten und aus einem meditativen Bewußtsein heraus umzusetzen, muß mit der Zeit erstarren und zu einem reinen Buchstabenwissen verkommen. Feng Shui wird nur dann eine Zukunft haben, wenn es in den Herzen der Menschen lebt und aus einem Bewußtsein gespeist wird, daß alles Leben eine Einheit bildet, die durch den Respekt für alle Lebensformen, auch für die geringsten, gekennzeichnet ist.